by Hiroshi Tanahashi
棚橋弘至［著］

棚橋弘至はなぜ新日本プロレスを変えることができたのか

飛鳥新社

序章　壊れた夢を再び

僕はずっと「イメージ」の力を大事にしてきた。だからジョン・レノンってすごいな、と思う。

彼は『イマジン』で「みんなが平和な世界をイメージできたら戦争だってなくなるんだ」と歌い、イメージすることの大切さを説いている。

僕はイメージすることができたら、それは必ずかなうと考えている。

そのことは大好きなウェイトトレーニングを通して学んだ。体を鍛えるときは、ただ漠然とトレーニングをしてもダメで、「こういう体になりたい」というイメージをしっかりと持つことが大事になる。なぜかといえば、「こうなりたい」という具体的なイメージを持つと「そこに到達するためにどうしたらいいのか？」と具体的なトレーニング方法を考えるからだ。

正しいトレーニングをすれば、効果の早い遅いの違いはあっても、必ず筋肉は発達して、なりたい体になれる。だから僕は「イメージが大事だ」と繰り返し説いてきて、ある日、ふと気づいたのだ。

「あ、オレ、ジョン・レノンとおんなじことを言ってる！」

新日本プロレスが長く低迷していた時期、僕は来る日も来る日もレスラーやスタッフや記者の人に呼びかけた。

「新日本プロレスはオレがいるから大丈夫です。オレがどんどん盛り上げて、必ず会場をお客さんでパンパンにして見せます！」

周囲の人は本気にしていなかったかもしれないが、僕には「絶対に達成できる」という確信があった。なぜなら、僕には「超満員の東京ドームの花道を歩く棚橋弘至」の姿がイメージできたからだ。

とはいえ、自分の抱くイメージを現実のものとするまでには、長くて、厳しい道のりをひたすら走り続けなければならなかった。

僕は、新日本プロレスの浮き沈みをこの目で見てきた。プロレス好きな祖母と子どものころからテレビでプロレスを観戦していたので、リアルタイムで金曜夜8時の『ワールドプロレスリング』を知っている最後の世代だ。

高校生のころから僕の中でプロレス熱が高まり、真夏の祭典「G1クライマックス」の全日程を会場に通いつめて観戦したりもした。1990年代の新日本プロレスの盛り上がりも、僕はリアルタイムで体感している。

闘魂三銃士（武藤敬司、蝶野正洋、橋本真也）がブームを巻き起こしたころ、雑誌でこんな記事を発見した。

〈三銃士の年俸はウン千万円。プライベートでは3人とも高級外車を乗り回している〉

なんて夢のある世界だ。プロレスラーになるなら、やっぱり新日本プロレスだ――。

スターになるイメージを描いて、新日本プロレスに入門したのは1999年4月。半年後にはデビューを果たした。僕は、7万人の大歓声を浴びて東京ドームの花道を入場する自分の姿を想像しながら厳しい練習に打ち込んだ。

ところが、僕が入門したころから会社内がゴタゴタと揉め始め、橋本真也さんが去り、武藤敬司さんが去り、主力選手が次々と離れていった。

折しも、格闘技ブームが巻き起こり、「プロレスは古くさい」とプロレス界全体の人気は落ちていった。「業界の盟主」だったはずの新日本プロレスもスターを失い、少しずつ試合会場からお客さんが減っていった。

会社内のゴタゴタはリングにも影響する。発表済みのカードが直前に変更されたり、試合が不透明な決着で終わったり、「予定された試合をきっちりと見せて、お客さんを満足させて帰す」という興行として当たり前のことができなくなってしまった。

僕は思った。

「このままここで頑張っても、スターになれない」

夢は壊れた——。

ずっと「新日本のトップレスラーになって、闘魂三銃士のようなスターになる」と信じて、そこに向かって進んできたけど、このままでは夢はかなわない。

泥舟と化した会社から1人、また1人と離れていく。昨日まで一緒に頑張ってきた同僚レスラーや営業の社員が会社に見切りをつけて去っていく。彼らの背中を見送りながら、僕は強く思った。

「オレしかいない」

この現状を変えるためには、自分がお客さんを呼べるスターになって、この手でもう一度、夢の持てる世界にするしかない。

覚悟が決まると、僕は周囲にこう宣言した。

「オレがいれば、プロレス界は大丈夫です。オレがもっともっと盛り上げて、必ずもう一度、プロレスの黄金時代を築きます」

根拠は何もない。でも確信はあった。

それは「スターになる自分」をイメージできたからだ。

だけど、そのころはまだ知るよしもなかった。

新日本プロレスの低迷期はじつはまだ始まったばかりで、こんなに新日本プロレスを愛している棚橋弘至が、従来の新日本プロレスのファンに毛嫌いされて、来る日も来る日もブーイングを浴びることになるなんて——。

第4章　新日本プロレスファンを敵に回して　091

第5章　全力プロモーション　119

第6章　浮上のとき　147

第7章　なぜ僕は新日本プロレスを変えられたのか

第8章 夢の途中

構成　茂田浩司
撮影　杉 博文
装幀　Malpu Design（清水良洋）
資料提供　棚橋貞之　棚橋とも子

第1章
プロレスファンが見た夢

僕は極端な自己肯定と
自己否定が
短いスパンで現れる
タイプだ。
子どものころから
「もっと自分に
自信を持ちたい」と
思っていた。

棚橋弘至と猪木寛至

僕はプロレスが大好きだ。

プロレスと出会って、僕の生活は変わった。毎日が楽しくて、目に映るものすべてがキラキラと輝きだした。

1976年11月13日、岐阜県大垣市で僕は生まれた。家族は両親と2つ下の弟と4つ下の妹。

父は最初、僕に豊臣秀吉の「秀吉」をひっくり返して「吉秀」と名づけようとしていたらしい。そうしたら母に「秀吉の反対はイヤ！」と猛反対されて、考えたのが「弘至」。「弘」一文字でも「ひろし」と読めるけれど「至」を付けるとすごくいい画数になる。しかも、父はアントニオ猪木さんの大ファンだったから、猪木さんの本名「猪木寛至」から一文字いただいたそうだ。

猪木さんから（勝手に）一文字もらっていたとあとで知ったときは、プロレスファンとしてかなり興奮してしまったが、じつは「縁」を感じるできごとも経験している。

僕が高校生のとき、母親が知り合いの日蓮宗の先生の道場に行ったことがあって、そこで「ライオンが見えますね」と言われたのだ。

猪木さん、ライオンマーク……。僕の新日本プロレス入団は運命づけられていたのかもしれない。

生まれてから一度も「人に嫌われたこと」がない

最近、幼稚園や小学校に行って感じるのは、親がニコニコして笑っていると子どももニコニコして育つし、親がムスっとしていると子どももムスっとして育つな、ということ。

ウチの母親はいわゆる「天然」の人で、はつらつとしていて、いつも笑っている。面白いことが大好きで、僕は性格的に母の資質を受け継いでいると思う。

母は僕のことを聞かれると、こんなことを言う。

「弘至君は反抗期もなくて、面白い子育てをさせてもらいました」

いやいや、僕にもちゃんと反抗期はあった。

母は「しゃちやき（岐阜の方言でおせっかいのこと）」で、「もういいよ！」と言いたくなることがたびたびあった。中学生になっても、よく僕の洋服を買ってきてくれたのだが、「弘至、これ買ってきたよお」「こんなの着ねえよ。服ぐらい自分で選ぶよ！」というやりとりが繰り返された。母はそれを反抗期と受けとっていなかったのだ。きっと反抗されたことに気づいてもいなかったのだろう。

かくいう僕も、母親と似たタイプだ。

小・中・高、そして大学時代まで含めて、僕は「人に嫌われる」という経験がまったくなかった。少なくとも、自分ではそう感じていた。だから、プロレスラーになって、ファンからリアルなブーイングをもらったときはショックだった。

「あ、世の中にはオレのことが嫌いな人もいるんだ……」

きっとそれまでは僕を嫌う人がいても、全然気づいていなかったのだ。うかつにも20代の半ばまで「世の中の人はみんなオレのことが好きだ」と確信して生きてきてしまったために、会場でブーイングを食らったときに「びっくり」が先に立って対処が遅れてしまった。これは母親から、「天然」の資質を受け継いでしまったせいだろうと思う。

父親のほうはふだん口数が少ないけど、これまで人生のいろいろなポイントで助けてもらった。

高校に進学するとき、僕の偏差値はちょうど県立大垣南高校と大垣西高校の中間ぐらいだった。結局、ちょっと不安になって確実に入れそうな大垣西高校を受験することになった。

それでも、なかなか納得できなくて最後までウジウジしていたら、父親に「オマエは学校の名前で勉強するのか？　勉強するのはオマエだろう」と言われた。この一言で気持ちがスっとした。「どこに行こうがやるのはオレだ！」と。

おかげさまで高校には1番の成績で入学して、その後、野球に熱中して成績が下がった時期もあったけど、部活を引退してからはまた猛勉強をして1番で卒業できた。子どものころから「これ！」と決めたことをやり遂げる集中力には自信がある。

立命館大学に進学するために京都に行くとき、父は「こいつはもう帰ってこないんじゃないか」と感じたそうだ。そのとき、父から手紙をもらった。そこには「誰が主役かを考えて頑張れ」という一文があった。きっと僕が前へ前へと出る性格なのを心配したのだろう。「体を自愛して頑張れ」という言葉もあった。

自己肯定と自己否定のあいだで

父はバドミントン、母はバレーボールをやっていて、両親の影響で僕も自然にスポーツをするようになった。

岐阜という土地柄、中日ドラゴンズの大ファンで、野球に熱中して「将来は野球選手になるのだ」と思い込んでいた。勉強も好きで小中学校は皆勤賞。物事に熱中する性格で、やるならとことん、やりすぎるぐらいにやってしまう。「爆発力」があるのは昔からだ。

活発なタイプだと思われていたけれど、性格はすごく恥ずかしがりやで、自信も何もない子どもだった。

じつはいまも根っこの部分は同じで、自信満々に「プロレス界を背負うのはオレ！」と宣言したかと思えば、「どうせオレなんて……」と沈み込んでしまったり、自己肯定と自己否定が短いスパンで交互に現れる珍しいタイプなのだ。

だからこそ、子どものころから「もっと自分に自信を持ちたい」と思っていた。

そんなときにプロレスと出会った。

子どものころからプロレス好きなお祖母ちゃんの影響でテレビは見ていたし、学校の休み時間はプロレスごっこに興じていた。けれど「これだ！」と思ったのが、高校

1年生のころに見た闘魂三銃士の試合と、全日本プロレスの小橋健太選手の試合だ。「小橋健太対スティーブ・ウィリアムス」の試合はいまだに鮮明に覚えている。

僕の目には、プロレスラーはとても強くて堂々としていて、輝いて見えた。

深夜のプロレス中継をビデオ録画しておいて繰り返し見たり、スポーツ新聞を買いに行ったり、自分からプロレスの情報を集めるようになった。思えば、自分から好きになって、熱中したのはプロレスがはじめてだった。勉強も野球もそれなりに充実していて楽しかったけど、野球は他にやりたいと思うことがなくてやっていたところがあった。

知れば知るほど、プロレスラーへの憧れも強くなった。年間150試合も200試合もこなして、激しい闘いをした次の日も平気な顔でまたリングに上がる。自分の中で「強さ」の象徴がプロレスラーになった。

「プロレスラーになれば、心も体も強い人になれるのではないか……」

大学に入学して、僕の運命を決める出会いをした。

高校生のころは、本気で甲子園に出て、プロ野球選手になろうと思っていたけど、どうやら自分にその才能がないことはわかった。プロ野球選手になれないなら、伝える側の新聞記者になろうと考えて、社会学部などマスコミ関係に強そうな学部をいろいろ受けてみて、最終的に立命館大学の法学部に入学することに決めた。

大学の授業初日、構内には新入生をサークルに勧誘するブースがたくさん見えた。僕は野球をやろうか、トライアスロンをやろうかと考えながら歩いていたのだが、なぜか最初に「プロレス同好会」のブースに目が行ってしまった。これが「人生の分岐点」だ。

立命館大学にプロレス同好会があることは知らなかったが、「プロレスは大好きだし、ちょっと話を聞いてみようか」とブースに入ると、当時の会長が「UWF」という文字の入ったレガースをつけていた。

「うわ、すげえ！」

プロレスファンの悲しさで、そのレガース姿がカッコよく見えてしまい、僕は会長に質問してみた。

「サークルに入ったらプロレスラーになれるんですか？」

そうしたら会長が何の迷いもなく言いきった。

「なれるぞ！」

勢いに呑まれて、「そうか、なれるんだ！」と思ってしまった。でもそれは真っ赤なウソだった。僕が立命館大プロレス同好会出身のプロレスラー第1号だから。

その後、大学の教室では、新入生全員が簡単な自己紹介をしながら将来の夢を言わされた。

「弁護士です！」「司法書士です！」

その中で、僕だけ「棚橋です。将来はプロレスラーになります！」と宣言した。みんなが一斉に「何しにきたんだよ？」「じゃあ、なんでここにいるの？」という顔をした。

わざわざ立命館大学法学部政治行政コースに入ってきて、なんでプロレスラーに？ でも、これで後に引けなくなった。プロレス同好会に入ると決めたときに、僕は「将来はプロレスラーになる。プロレスで生きていきたい」と決めて、人前で宣言したのだ。

あそこにプロレス同好会のブースがなければ、ＵＷＦのレガースをつけた会長が「プロレスラーになれる」とウソをつかなければ、僕はまったく違う人生を歩んだことだろう。

それ以来、プロレスラーになるべく僕は体を鍛え続けて、大学の4年間で体重は65キロから90キロに到達した。正月や夏休みで帰ってくるたびに、少しずつ体がデカくなっていく息子を見て、親は「京都で何をやっているんだ?」と思っていただろう。

僕はこんなトレーニングをしてきた

僕のトレーニング歴は長い。

もともと「反《そ》り腰」で、小さいころから腹が出ているように見えるのがコンプレックスだった。ちょっと姿勢を正せばよかったのだが、そんな知恵もなく、腹を気にして小学生のころから毎日200回、母親に足を持ってもらってひたすら腹筋に励んだ。

小学4年になると「ブルワーカー」だ。親戚のおじさんが持っていたのをもらって、ずっと腹筋を鍛える動作をやった。説明書を読んだら「自分が弱いと思っている箇所は3倍、4倍やりましょう」と書いてあったので、腹筋はかなりやった。知らず知らずのうちに腹筋の基礎はできていた。

おそらく、もともと背筋が強すぎて、引っ張られて「反り腰」になっていたのだろう。腹筋を鍛えてバランスがとれて、中学のときに「あ、姿勢を直せばいいんだ」と気づいて「腹が出ているコンプレックス」は解消できた。おまけに腹筋がバキバキに割れているから、水泳の時間には女子にキャーキャー言われて自信もついた。

野球で壁にぶつかったときも、我流のトレーニングで解決しようとして無茶苦茶なことをやっていた。ピッチャーをやりたくて（目立つから）、速いボールを投げられるように小中学生のころは体育館から陸上用の砲丸を借りて、学校のまわりの田んぼに向かって投げていた。

2〜3キロの砲丸をちゃんとしたピッチングフォームで投げていると、普通のボールを投げたときにものすごく軽く感じる（当たり前だが）。これは普通の子がやると肩を壊すから絶対にやらないほうがいいけど、僕は肩を壊すこともなく、その代わりにコントロールはひどいことになった。

市内のジムに通って我流でウェイトトレーニングもした。「腕を太くすれば速い球が投げられる」と信じて、一生懸命に腕を太くしたのだが、当時の僕のフォームを写真で見ると、腕のまったくしならないロボットみたいな投げ方をしていた。

本格的なウェイトトレーニングをするようになったのは、高校の野球部時代からだ。野球部の監督が「オフのあいだは積極的にウェイトトレーニングをさせる」という人で、みんなで自転車を飛ばして近くの体育館に行った。

ただ、本格的とはいっても、ベンチプレス、スクワット、ラット——そういう基本のメニューを教えてもらって、あとは自分で研究したり、ジムには教えたがりの人がいるのでそういう人に教わったりというレベルだった。

その時代、ウェイトトレーニングをガンガンやる野球部は珍しかった。僕のいたころの大垣西高はいいピッチャーもいて、秋季大会でベスト4に入ったこともある。3年生部員は僕を入れて9人しかいなかったので、少人数で小回りがきいていろいろな知識を学べた。雨の日には教室で「タンパク質をどれぐらい摂ればいいのか」といったことを先生が教えてくれる。

ちなみに当時の僕は体重が65キロしかなくて、監督からは「70キロにしろ！」とハッパをかけられていたけど、卒業まで70キロにはいかなかった。それでも、腹筋のバキバキぶりにはますます磨きがかかっていて、ラグビー部のヤツらから「すげえな。野球には必要ねえよ」とからかわれたりしていた。いまでいう細マッチョの体型だったのだ。

筋トレはバッティングにはプラスになった。やはりパワーがつくと飛距離が伸びるのだ。ただし、ピッチャーとしては、ますます腕がしならなくなってしまっていた。

それでもマウンドに立ちたくて、監督に「やらせてください！」と頼み込んで、わが校の大エースの控えピッチャーになった。何を隠そう、高校のときの僕はサイドスローの変化球投手だ。

キャッチャーもでたらめなヤツで、1イニング全球カーブを要求してきたことがあった。出るサイン、出るサインが全部カーブなので、僕はマウンド上で「マジか！マジか！」と言いながらひたすらカーブを投げ続けたこともあった。

いろいろとおかしなトレーニングをしていたけれど、いま思うとそのころのトレーニングはめちゃめちゃ僕の体力と各部位の筋力の強化につながってもいて、プロレスラーになってからかなり役立った。砲丸を投げることで、足腰も体幹も鍛えられて、自分よりも大きな相手と闘うときの僕の武器になっている。

ただし、弊害もあった。

子どものころにあまり筋肉をつけすぎてしまうと、筋肉の収縮力が邪魔して身長が伸びなくなるといわれている。僕の身長は181センチで止まってしまったけど、僕の弟は189センチある。父は174センチぐらいだが、母も165センチあって、あの年代の女性としてはかなり大きい。僕も正しいトレーニングをしていたら、もう少し身長が伸びたのではないかと思う。

最近、よく小中学生に「プロレスラーになりたいんです」と相談されるけど、筋トレは勧めない。

「筋トレは大人になってからできるから、いまは部活を頑張りなよ」

そんなアドバイスをしている。まずはいろいろなスポーツをしてしっかりと体力をつけて、身体能力を高めてほしい。プロレスラーになるためのトレーニングは、それからでも遅くない。

長州力さんの「大学卒業命令」

プロレスラーになると決めたら、目標に向かって突き進む。それが僕だ。トレーニングを続けて、体重も順調に増えた。大学2年の春に早くも新日本プロレスの入門テストを受けた。与えられたメニューはすべてこなしたけど不合格。結果に納得できず、大学2年の秋に2度目のテストを受けたら、このときは体調不良から脱水症状になってしまい、メニューを全部こなせなかった。

大学3年生のとき、3度目の入門テストでやっと合格。僕はすぐにでも入門する気満々だったけれど、長州力さんにこう言われた。

「プロになっても辞めるかもしれないし、怪我をするかもしれない。ちゃんと卒業はしてこい！」

卒業しろ、と言われて目の前が真っ暗になった。というのも、大学4年生になった時点で必要単位を58単位も残していて、1年間に登録できるのは最大で60単位。1コマでも単位を落とせば留年だから、さらに入門が遅れてしまう。結局1単位も落とさず無事卒業できたからよかったけど、長州さんの言葉に「うわ、やばい！」と変な汗をかいたことは忘れられない。

当時は「プロレスラーになるのに大卒の肩書きなんて……」と思ったけど、いまとなっては感謝しかない。必死になって試験勉強して得た知識は、いまコメントをするときの言葉選びに役立っているし、親に大学に行かせてもらって、卒業というかたちで結果は残せた。しかも「立命館大卒」という肩書きでクイズ番組にも呼んでもらえる。これは長州さんのおかげだ。

学生時代を振り返って思うのは、部活も勉強もトレーニングも恋愛も、その当時はいうことだ。

「無駄かな？」と思ったことも、全力で打ち込んだ経験は必ずどこかで役に立つ、と

学生プロレス出身を隠して

入門前に、長州さんが「あんなのと一緒にすんな！」と話している記事を読んだ。「あんなの」とは学生プロレスのことだ。僕は「まずい！」と思った。

僕らから言わせれば、こんなにプロレスが好きな集団もないと思う。せっかく大学に入って、将来のための勉強に打ち込んでもいいし、コンパ系のサークルで遊んでもいいのに、わざわざプロレス同好会でプロレスをやっているのだ。これほどプロレス愛のある人間もいない。

だけど、当時の僕にとって、あの長州さんが嫌っているという事実は重い。僕は、デビューまで「学生プロレス出身」という経歴を隠していた。

いまだから言えることだけど、僕は「ジャパニーズ・ドリーム」をかなえたと思っている。レスリングエリートでも、スポーツエリートでもない、マイナスからのスタートだ。ファンからも「なんだ、学生プロレス出身か」と見られるわけだから。それ

になれる。

でもプロレスの場合、「どこどこ出身」「何々をやっていた」といった過去に関係なく、実力で上がっていけるんだぜ、ということを証明できたわけだから、誇らしい気持ちになれる。

学生プロレス経験者はプロレスの基礎ができている。体作りも、受け身も、ショーマンシップも4年間やってきている。そう考えると、僕のキャリアは、デビュー15年に4年プラスして、19年目ということになるわけだ。

学生プロレス出身という部分だけがクローズアップされがちだけど、僕は学生のころにレスリングも真面目にやっていたし、勉強も真面目に頑張っていた。

じつは少林寺拳法も1年だけやった。そのころ付き合っていた彼女が少林寺拳法部だったので、その彼女からもいろいろなことを学んだ。真面目な子で、僕が体を作っているると知るとスパゲティのお皿にツナ缶を1個分、ボンと入れてくれた。デビュー戦も見にきてくれた。青春の淡い思い出だ。

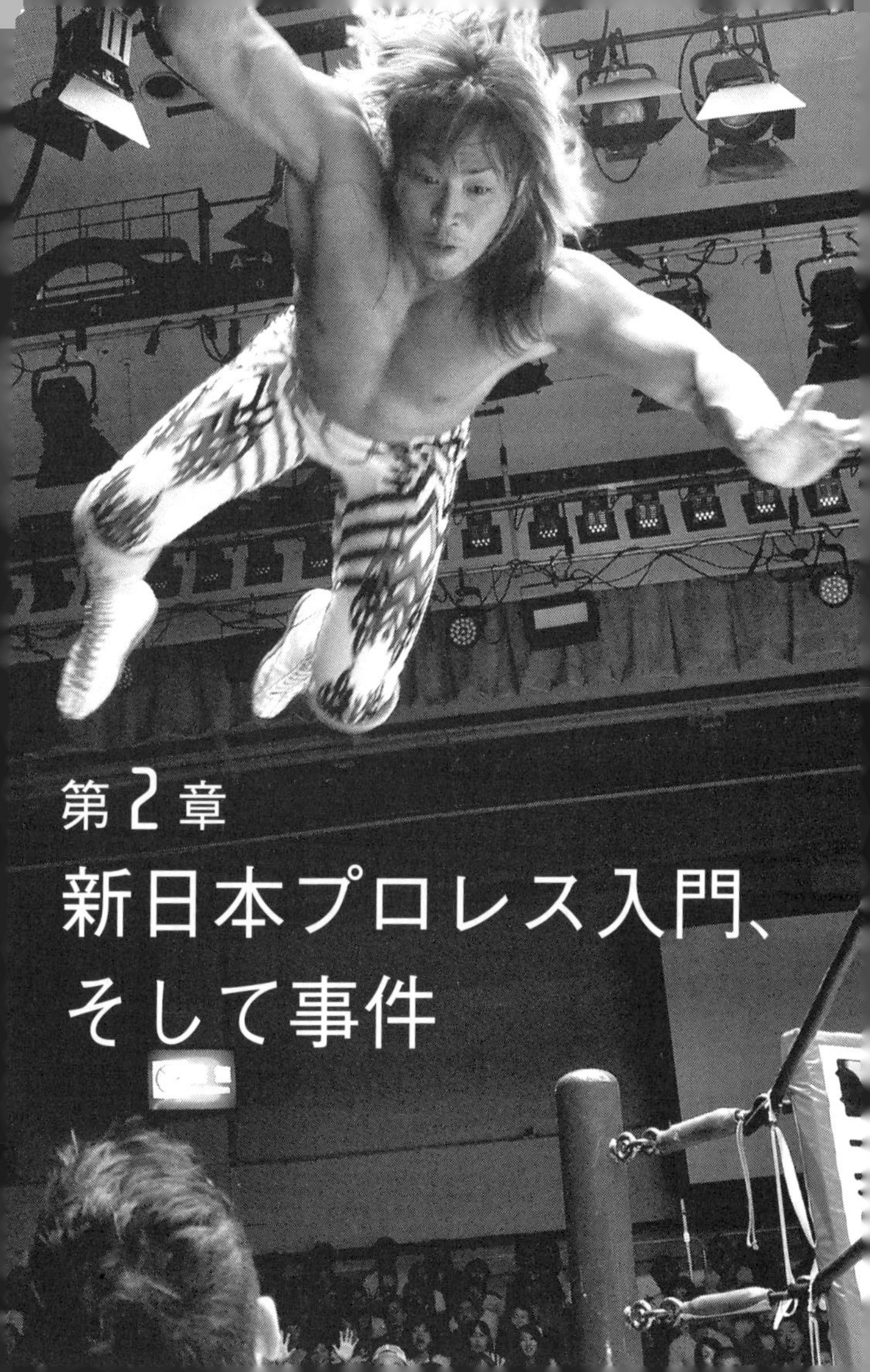

第2章 新日本プロレス入門、そして事件

錚々《そうそう》たる人たちの
中に入って、
無名の僕はどこで
勝てるのだろうか。
少しでも秀でている部分を
見つけて、
そこで勝負するしかないと
思っていた。

新弟子生活のリアル

アントニオ猪木さんの引退試合（1998年4月）は、東京ドームの観客席で見た。長州力さんからの「大学卒業命令」によって、入門テストに受かりながらも入門できず、まだ大学4年生の1ファンだったのだ。僕と同じ日に入門テストに受かったのが柴田勝頼で、彼はすぐに入門したので僕の1年先輩になる。

大学卒業後の1999年4月、僕は晴れて新日本プロレスに入門した。入門テストに合格した日にちゃんこを食べさせてもらったので、寮1階の食堂は知っていたけど、2階にある部屋にははじめて入った。正直、「ボロいな」とは思ったけど、それ以上に「ここが新日本プロレスか！」と気持ちが奮い立った。

道場に入ると正面の壁に猪木さんの写真パネルが飾ってあった。若き日の猪木さんのモノクロ写真を見て、僕の中の闘魂がメラメラと燃え上がるのを感じた。まさか、のちのち、その写真パネルを道場から外そうと僕が言いだすことになるとは思いもしなかったけれど……（この話は後述する）。

翌日から雑用と練習に追われる日々が始まった。

朝は8時に起床してまず掃除。道場・風呂場・庭・寮のまわり。結構適当にやっていた。ズボラな性格で、几帳面にできなかったのでよく怒られた。

一緒にやっていたのは同時期に入門した鈴木健三（現・KENSO）さんと1年前に入門していた井上亘《わたる》さん。僕が入ったときの寮長は吉江豊さんだったが、すぐ海外に行かれたので真壁伸也（現・刀義）さんに代わった。

新日本プロレスの寮には数々のイジメ・かわいがりの伝説があるけど、それは僕らの上の世代の話。真壁さんが寮長になってから、雰囲気はかなり変わったという。

真壁さんは練習中は厳しくて、少しでも気合が抜けていると叱責されたけど、兄貴肌で、寮で飯を食いながら「おい、なんか面白い話をしろよ！」と、寮生を気づかって話しかけてくれていた。僕と井上さんはとくに真壁さんにお世話になった。

新日本プロレスの合同練習は、午前10時に始まる。いちばん長いときで午後2時まで続く。基礎体力作り（いわゆる「キソタイ」だ）、ウェイトトレーニング、スパーリング……本当にきつかった。「まだやんのかよ！」と何度思ったことか。

いまになって振り返れば、もっと効率のいいトレーニングの方法が絶対にあるはずだけど、上の人たちはここで若手をふるいにかけていて、「この商売でメシを食っていくんだ」という姿勢が本当にあるのかを見ている。だから不条理なことがあってもひたすら耐える。それも大事なのだ。

プロレス界というのは本当に不条理な世界で（いまでもそう思うときがあるぐらいだ）、だから、練習の不条理ぐらいでつまずいていたらレスラーとしてやっていけない。

新弟子は何かミスをするたびに「スクワット1000回！」と命じられる。納得いかなくても、「この1000回には何かの意味がある」と思い込んでやるしかない。

入門すると、まず新人は道場でのスパーリングでプロの洗礼を浴びる。体中あちこちの関節を極められて「負け残り」で延々とスパーリングをやらされ、ボロ雑巾のようにされる。だけど、僕はそれさえも楽しかった。

メチャメチャ強い先輩がいると「うわ、強いな！」と思いながらも、「この人たちと一緒に練習していれば、オレもどんどん強くなれるな」と喜んでいた。アマレスの元全日本王者や柔道出身の猛者がゴロゴロいる道場なんて他にはないのだ。そこも前向き、ポジティブに捉えていた。

ちなみに、新日本プロレスの新人は寮に入ると、デビューするまで一切外出が禁止になる。20代前半の若者が半年間、女っ気なしという地獄を味わう。真壁さんには入門直後に「おい！　デビューするまでオナニー禁止だ」と言われて、「やべえ、新日本ハンパねえ」と思ったりもした（すぐウソとわかったけど）。

そんなある日、近所に住んでいる坂口征二・新日本プロレス会長（当時）に声を掛けていただいた。

「健三、棚橋、食事に行くぞ」

健三さんは坂口さんの明治大学の後輩でもあり、入門時からすごく期待されていたから、同期の僕も一緒に呼んでもらえたのだ。健三さんと一緒に待ち合わせ場所に行くと、そこに坂口夫人がいた。4人で食事に行くとき、突然、坂口夫人に腕を組まれて、ずっと女っ気なしだったのでつい妄想が膨らんでしまった（詳しくは書けない）。

デビューするまでは、たまに先輩に「コンビニに行ってこい！」と言われたとき以外は、本当に一歩も外に出られなくて「これは一日も早くデビューしよう」と決意した。

「デビューしたら個室！」「デビューしたら渋谷！」

そう念じて頑張った。

ただ、ラグビーでずっと寮生活をしてきた健三さんは慣れているし、僕は僕ではじめての寮生活が楽しかった。大学での自由気ままな一人暮らしもよかったけど、寮生活もはじめての経験で、修学旅行の延長みたいで楽しくて、僕はまったく苦にならなかった。

やっぱり僕と健三さんは新人のころから図太かったのかもしれない。考え方を切り替えられたら、どんな状況だって楽しめるものなのだ。

同期・鈴木健三さんと僕の関係

鈴木健三さんは大学卒業後、いったんは東海テレビに入社して社会人生活を経験していたので、入門したころから「自分の世界」があった。そして、つねにビジネスで成り上がっていくぞ、というアンテナを張っていた。

健三さんは新日本プロレスを盛り上げようというよりは、自分の名前を売り、どこかでのし上がってやろうという野心を持っていたのだ。実際、アメリカのWWEのリングで、夫婦そろって活躍したのだからすごい。

そのころ、会社からの期待度は健三さんが群を抜いていた。僕は1999年10月10日の後楽園ホール大会（真壁伸也戦）でデビューしたが、健三さんは翌2000年の

1・4東京ドーム（中西学戦）という、新日本プロレス最大のビッグイベントでデビューを飾った。

健三さんは明大ラグビー部時代には日本代表にもなっていて、あの『Ｎｕｍｂｅｒ』の表紙を飾ったこともある。鳴り物入りの新人だから、会社の扱いも全然違った。入門は同期だけど年齢はむこうが2歳上なので「さん」づけ。ただ、2人ともヤンチャだったのでウマが合った。デビューしたあとは、夜中にこっそり寮を抜け出して一緒に遊びに行ったりもしていた。

ただ、健三さんとはいつも「新日本をなんとかよくしたいね」というビジネスの話もしていて、2001年には「キング・オブ・ザ・ヒルズ」という2人のタッグチームを結成。これは健三さんが当時、新日本プロレスの現場監督だった長州さんに直接掛け合って実現させたものだ。

僕らはまだそんなに会場を盛り上げる試合もできなかったけど、ホテルに帰ると必ずどちらかの部屋に行って反省会をしたりもしていた。お互いに向上心があって貪欲だった。

プロレスの技術は僕のほうが上だったと思う。体力的な部分も、プロレスに関してだけならアマレスを経験している僕のほうがあった。ただ、健三さんは体が大きくて、注目度も高い。だから、タッグのときは僕が動き回って試合の流れを作り、健三さんにいいところで渡すようにした。チームとしては、それがベストだったのだ。

そういう試合をしていると、見ている人の評価もだんだん変わってくる。「棚橋のほうがいいじゃないか」という声が少しずつ聞こえるようになってきた。

タッグパートナーだけど、負けたくないという気持ちはいつも持っていた。鳴り物入りの健三さんと、ゼロからスタートの僕ではまるで違う。僕は、表面上は自分の本心を見せず、心の中で野心を燃やすタイプだ（ある意味では、いちばん性格が悪いのかもしれない）。「一緒に頑張りましょう！」と励ましあいながらも、内心では「負けたくない！」という思いでギラギラしていた。

当時の僕は、健三さんや先輩たちを観察して「無名の僕はどこで勝てるのか」を考えていた。少しでも秀《ひい》でている部分を見つけて、そこで勝負するしかないと思っていた。

体格のバランスのよさには自信を持ってよさそうだった。あとは、トータルで負けていても絶対にあきらめないで食い下がる姿勢を意識して見せるようにしていた。

「なんとしてでも自分が勝負できるフィールドに持っていくんだ」
そんな思いを強く持っていた。

ダイナマイト・キッドはなぜ魅力的だったのか

新日本プロレスに入って驚いたのは、意外にもプロテインを飲んでいる選手がほとんどいなかったことだ。僕が頻繁にプロテインを摂取して大きくなるのを見て、先輩たちもプロテインを飲むようになった。

僕は体重90キロで入門して、半年後に102キロでデビューしたが、めきめき大きくなっていくのを見てみんなに「薬をやってるのか?」と言われた。いまでもメキシコに行くと「タナハシはアナボリック(ステロイド)だろ?」と言われる。そのたびに「違う。オレはナチュラルだ」と否定しているが、正直めんどくさい。

僕の体がナチュラルなのは、見る人が見ればすぐにわかることだ。男性ホルモンの影響を強く受けるのは僧帽筋《そうぼうきん》なので、急激に僧帽筋が大きくなった人はステロイドを使っている可能性が高いが、僕にはそういうことはない。

トレーニングの知識のない人は、筋肉がバキバキに隆起した体を見るとすぐに「ステロイドだ」と決めつけたがる。そして、「ボディビルで作った体」という批判もよく受けた。

僕ぐらい脂肪のついた体だと、全日本のボディビルのクラスではベスト30どころか、ベスト50にも入れない。ボディビル用に作った体ではないからだ。

僕はウェイトトレーニングをしたあとに、必ずジャンプをしたり、スパーリングを入れて実戦の動きになじませている。トレーニングにはしっかりと有酸素運動も加えてスタミナをつけているので「見た目だけで動けない体」ではない。それは試合を見ればわかることだと思うのだが……。

僕がステロイドを使って体作りをしようと考えたことがないのは、ボディビルの全日本チャンピオン、鈴木雅《まさし》さんや合戸《ごうど》孝二さんといったナチュラルでもすごい人がいるのを知っていて、「ナチュラルでも十分いける」と思ったからだ。

ただ、正直なところ、ステロイドを使ってみたいなと思ったことはある。体作りをしている者から見れば誘惑の多い、禁断の薬だと思う。ステロイドを使うとものすごい力が出るという。10回も上がらなかったウェイトが、余裕で20回、30回上がり、しかも疲れない。重量も回数もこなせるぶん、筋肉に負荷がかかり、筋繊維がブチブチと切れて、超回復によって筋肉が大きくなる。

その代償として、怪我が増えてしまう。筋肉のあまりの発達に靭帯《じんたい》が追いつかず、どこかでブチっと切れてしまうのだ。

ステロイドの誘惑は、ダイナマイト・キッドの影響もある。

僕はキッドが大好きで、彼の自伝『ピュア・ダイナマイト』（2001年刊）が発売されるとすぐ購入して読んだ。8割はイタズラの話で、2割はステロイドの話だ。馬用のステロイドを使った、という話まで書いてある。

だけど、あの「明日を見ない生き方」には憧れの気持ちがある。「今夜この試合が盛り上がればいいんだ！」というのは、プロレスラーとしての理想かもしれない。

僕はデビュー戦のあとで、ダイナマイト・キッドを意識して「和製キッドって呼ばれたいです！」とコメントした。もっともダイナマイト・キッドを目指すはずが、途中から「ハートブレイク・キッド（略称HBK＝魅力的でファンのハートを奪ってしまう罪なヤツ）」ショーン・マイケルズのファンになってしまったが。

余談だが、2009年にカート・アングルと試合をしたとき、試合前にこう言われた。

「タナハシは日本のショーン・マイケルズだ」

これは死ぬほど嬉しかった。震えた。僕が和製ショーン・マイケルズ――。デビューしたときの「和製キッドを目指す」は結局ここにつながったのか、と感慨深かった。人は、自分には絶対にできない生き方をしている人間に憧れる。

ダイナマイト・キッドの「明日を見ない生き方」は、プロレスラーという夢を売る商売をやる者としては正しいと思う。「健康で、長生きしたいぜ!」というレスラーにファンは感情移入できない。「明日はどうなってもいい。今夜、この試合にすべてを賭ける!」というレスラーだから見ている側も乗れる、ということもあるのだ。

まさしく刹那《せつな》的な生き方。だけど刹那、刹那で輝くのがプロレスラーなのだから、ダイナマイト・キッドがいまでも人気があるのはよく理解できる。あのまばゆい輝きを目撃した人はずっと忘れられない。そんな生き方を貫いた彼を僕はいまでも尊敬している。だけど、僕がステロイドを使うことはない。

僕は人より苦労しないと上に行けない

ダイナマイト・キッドが活躍した当時のWWF(現WWE)は、体が大きくないと試合で使ってもらえなかった。だからキッドはときに馬用のステロイドまで使って体を大きくした。そのときの気持ちは同業の人間としてよくわかる。

ただし僕は、選択に迷ったときは「やりがいがあるほうを選ぶ」ことに決めている。

こっちのほうがしんどそうだなというほうを選ぶのだ。ステロイドを使ったほうが素早くデカくなれるだろうけど、僕は遠回りだけどナチュラルでやりきるほうを選ぶ。あえて難しい道を選択して、苦労はするけどその苦労を乗り越えていく感じが好きだ。苦労を乗り越えて達成したときのほうが喜びも大きい。

自分の中にある劣等感が難しい道を選ばせるのかもしれない。

新人として新日本プロレスの寮に入ると、プロレス以外のことを考える時間が与えられない。僕もひたすら「プロレスのこと」を考え続けた。おそらく同じぐらいのキャリアのレスラーとくらべて「プロレスを考えた時間」は僕がいちばん長いのではないかと思う。

新日本プロレスに入門して、自分と先輩や同期を冷静に比較してみると、「これだけの人材がそろっている中で、僕が上に行くのは相当に大変だ」と思った。ヘビー級としては小さいほうで、スタミナと体力以外はごく普通の運動神経しかない僕がどうしたら上に行けるのか？

正直、厳しいと思ったが、ここであきらめたくはなかった。プロ野球選手になれず、志望校は下げて……と、それまであきらめの連続だったけど、「プロレスだけは絶対あきらめない」と決めていたのだ。

冷静に自分という「素材」を評価したとき、これは他人より苦労しないと上に行けない、努力を惜しんではいけない、と考えたのだ。そうは言いながらも、練習と雑用が終わると夜中に飲みに行ったり遊んだりしていたけれど、朝方帰ってくると全力で練習に打ち込んだ。あのころは若さゆえに本当に疲れなかった。

「あきらめなかった人」山本小鉄さんの教え

山本小鉄さんには褒められた記憶しかない。かつて新日本プロレス道場の「鬼軍曹」として恐れられた威厳は、一線を退いたあともずっと持っていたけど、なぜか僕に対しては優しくて、会うたびに褒められた。小鉄さんにあれだけ褒められて育ったレスラーは僕だけなのではないだろうか。

小鉄さんがまず若手レスラーに教えることがある。

「レスラーである前に、いち社会人たれ」

プロレスラーは体がデカくて、怖いイメージがあるから、一般の人以上に相手に丁寧に対応しなくてはいけない、と繰り返し説いていた。

小鉄さんの教えが、いまでも僕がプロモーションに行くときの根っこになっている。僕らレスラーは体の大きさだけで相手に威圧感を与えてしまう。そのことを自覚して、一般の人に対してはいつも笑顔で、丁寧に、優しく、と僕は心がけている。

小鉄さんは当時、『新日本プロレスＳＸＷ』というＪスポーツの番組で新日本プロレス中継の解説をされていて、番組内でいつも僕を褒めてくれた。

なぜ小鉄さんは僕を買ってくれたのだろう?

顔を合わせるたびに声を掛けてくれた。

「どうだ棚橋、怪我はないか?　頑張れよ!」

「体は大きくなったか?　痛いところはないか?」

小鉄さんから見ると、僕は若いときの自分に似ていたのかもしれない。小鉄さんも体が大きくないから、大きな選手と試合をする厳しさ、キツさ、怪我のリスクの高さを誰よりも知っている。だから、僕が「ヘビー級でやっていく」ということを知り、心配してくれたのだろう。

「棚橋、人より稽古しろよ。体を大きくしろよ！」

いつも背中を押してくれた。

小鉄さんは「あきらめなかった人」の象徴だ。僕はこういう、努力がにじんで見えてくる人が大好きだ。スポーツ番組を見ていても、「ここまでくるのに、この人はどれだけ苦労して練習したんだろう？」と思わせるような人がいると自然と応援したくなる。

僕がIWGPヘビー級王座を獲り、新日本プロレスのトップになったとき、一部のOBから「あんなボディビルで作った体の選手が新日本のトップとは。新日本も変わった」と批判を受けた。

だけど、僕がプロレスラーとして「見栄えのいい体を作らなくてはいけない」と思った最大の理由は、新日本の伝統を守り続けてきた山本小鉄さんの教えなのだ。

小鉄さんにこう教えられた。

「お客さんはレスラーの体を見にきているんだぞ。チケット代の半分はオマエらの体だ。銭のとれる体になれ！」

たしかにその通りだ、と思った。僕は小鉄さんから「そんな体ではダメだ」と言われたことは一度もない。

ライガーさんに「恐怖の制裁」を受けて学んだこと

デビューして2年がたったころ、ライガーさん（獣神サンダーライガー）に試合のあとでボコボコにされたことがある。

前座で竹村豪氏《かつし》選手と試合をしたときのことだ。試合中、倒れた竹村選手を見て「立ち上がってくるな」と思い、起き上がりざまを狙ってドロップキックに行った。ところが、予想に反して竹村選手は立ち上がらず、ドロップキックはあえなく空振りになってしまった。

まさかの大失敗に僕が大慌てなのはもちろん、竹村選手も戸惑い、お客さんも「見てはいけないものを見てしまった……」という表情で、なんとも気まずい空気に包まれたまま試合は終わってしまった。

控え室に戻ると、鬼の形相（素顔）のライガーさんが待っていた。

「オマエ！　なんだあのドロップキックは！」

「すみません！　起きてくると思っ……」

僕の言葉が終わらないうちに、ライガーさんの打撃のラッシュが始まった。殴る、蹴る。「怒りの獣神」の凄まじさを僕ははじめて体験した。

僕が一方的にボコられ続けているのを見かねて、いまヒール（悪役）として活躍中の飯塚高史さんが止めに入るという非常事態が起きてしまった。その後、僕は飯塚さんの執拗な反則攻撃の標的にされるわけだけど、あのとき救ってもらった過去があるから、あまり強くも出られない。

相手（竹村選手）が起きてこないのなら、ボディスラムに行けばよかったんだ――。

試合運びの雑さが出てしまった。そのことがあってから、僕は試合ではもっと丁寧に、細心の注意を払わなければいけないという意識が強くなった。ライガーさんにボコボコにされたことで、僕はいっそう気を引き締めてリングに上がるようになった。

あの一件で、僕はプロとしての階段を一つ上がったと思う。若いうちにこういう経験をしているのといないのとでは、後々違ってくるものだ。

「スター」武藤敬司さんのプロレス哲学

僕はデビューしてすぐ、武藤敬司さんの付き人になった。カバン持ちとして傍にいると「スターだな」としみじみと感じた。

武藤さんは体が大きくて、どこにいても目立つ。行く先々で「あ、武藤だ！」と言われて人が寄ってくる。一緒にいて誇らしかった。

ファンへの対応も「スターらしい」というか、あまり丁寧な感じではなくて、サインを待っているファンの前をささっと行ってしまう。武藤さんからはこう教えられていた。

「サインは毎回オマエが断れよ。それで、オレが『いや、いいよ』と言ってサインをしてあげたら、オレの株が上がるじゃねえか」

なるほど、そういうものか。

食事中にサインを求められたら、まず僕が「すみません、いま食事をしているので」と断る。でも武藤さんが「いいよ」と応じると、ファンは「武藤って、いい人だったな～」となるわけだ。

付き人をしていた当時、武藤さんが繰り返し言っていたことがある。

「誰にでもできる技はオレはやらねえよ」

それはたとえば、フットスタンプやラリアットのような技だ。

「そんなもん、小学生でもできるじゃねえか」

武藤さんは職人だった。

「オレたちはプロのレスリングを見せてんだよ。だからオレは後輩にレスリングを教えたりしねえ。商売だからだ」

僕がいま、基本的にラリアットを使わずに試合をするのは武藤さんの影響だ。どんなに腕が太くなろうが、ラリアットで自分のパワーを誇示するような試合はしない。

「パワーがあるのに技巧派」というのは、ファンからはわかりにくいかもしれないが、僕がずっとこだわってきたところだ。

ただ、僕が武藤さんと違うのは、僕は後輩に積極的に教えるところだ。自分自身がトップに上りつめることと、後輩を引っ張って新日本プロレスという会社「全体」を引っ張り上げることを、僕は同時進行でやりたいと考えている。

武藤さんは文字通りのスーパースターだ。僕はときどき「武藤敬司の明るさを受け継いでいる」と言われるけど、根本的に違う。武藤さんは体にも恵まれているし、自分自身を輝かせる「天才」だ。

僕は一時期「太陽の天才児」と言われて「天才」という文字だけは継承したけど、根本的に、プロレスラーとしての立ち位置が違うのだ。

僕は必ずしも自分が光らなくてもいいと思っている。試合が盛り上がることがいちばんで、相手が光って盛り上がるならそれでいい。だから僕の試合のスタイルは、プロレスラーとしての系統でいえば、どんな相手だろうと名勝負を繰り広げて会場を沸かせてきた藤波辰爾さんの流れを受け継いでいる。

このあたりは、いまの試合を見るためには不必要な情報なのかもしれないけど、こういうところまで見えるようになると、プロレスはもっと楽しめるようになると思う。

2002年11月28日の事件のこと

1999年10月に入門半年でデビューして、2001年5月からは鈴木健三さんと「キング・オブ・ザ・ヒルズ」を結成。「タナケン」タッグで会場を盛り上げられるようになると、次世代のエース候補として人気も出てきた。当時、試合をするたびに思っていた。

「オレ、このまま新日本にいたら、きっとスターになれるな」

完全に天狗になっていた。そのころの写真を見ると、トゲのある嫌な顔をしている。しっちゃかめっちゃかな生活をしていて、そういう素行の悪さが顔に出てしまっているな、といまにして思う。

親は何となくわかっていたのかもしれない。あるとき、父親から電話があって「何か悪いことでもしてないか？」と聞かれたことがあった。

２００２年11月28日、僕は交際していた女性とトラブルになって、刃物で背中を刺された。自分でバイクを運転して病院に駆け込み、一命は取り留めたものの、出血がひどくて一時意識不明になった。

それでも、気胸の治療で肺をふくらませて傷口をふさぐと、「命に別状はない」と判断されて集中治療室には入らなかった。処置が終わると、僕は普通の病室に移された。

目を覚ましたとき、僕は酸素マスクをして病室のベッドに寝ていた。目の前には当時同棲していた「彼女」がいた。

「どういうこと⁉」

体を揺さぶられた。

「ねえ、どういうことなの⁉」

「コー、コー（酸素吸入の音）」

声を出そうにも酸素マスクをしているから声が出なかった。個室には興奮状態の彼女と2人きり。彼女の剣幕に、酸素マスクが外れそうになる。

「ちょ、ちょっと待って。説明するから……」

何とか声を振り絞ったけど、あのときがいちばん辛かったかもしれない。いや、もちろん、裏切られた彼女のほうが僕の何倍も辛かったと思う。

彼女が動揺するのも無理はない。突然病院から連絡を受けて、あわてて駆けつけたら、僕が意識不明になっていて、自分の知らない女性に刺されたと聞かされたのだから……。

だけど、それから毎日お見舞いにきてくれて、世話をしてくれた。だから、そのときに「この人と結婚しよう」と決めた。僕はいまだに嫁さんには頭が上がらない……。

翌日、スポーツ紙のほぼ全紙に1面で「プロレスラー棚橋、刺される！」と報道された。格好のスキャンダルだ。有名になりたい気持ちは人一倍持っていたけれど、まさかこんなかたちで1面を飾ってしまうなんて思いもしなかった。

岐阜の実家からは父親が仕事を休んできてくれた。山手線で病院に向かう途中、みんなが広げているスポーツ新聞の1面の見出しは「棚橋、刺される！」だったそうだ。そんな中を息子の様子を見にくる父親の心情たるや察するに余りある。

病院の入口では張り込んでいた新聞記者に声を掛けられたという。

「棚橋さんのお父さんですか？」

「違いますよ」

とっさに否定したら、それ以上は追及してこなかったらしい。まったく同じ顔をしているから親子だとわかったと思うけど、見逃してくれたのだろうか。

父親の顔を見て、また激しく後悔した。

「絶対に親不孝をした。オレはなんてことをしたんだ……」

父は僕に何も言わず、顔を見て帰っていった。もし僕が逆の立場になったら、説教の一つもするだろう。何も言わないでいられるのかなと思う。

あのときの父の顔は忘れないし、少しでも恩返しがしたいと思っている。息子がプロレスで頑張っていて、周囲に「ウチの息子がテレビに出てるよ」と自慢できるように。少しでも誇れる息子になりたいといつも考えている。

「人生は長い。あきらめずに頑張れ」

事件のあと、会社からは「棚橋はクビにしたほうがいいんじゃないか」という声が聞こえてきた。僕自身「こんなスキャンダルを起こしてしまったら、もうプロレスはできない」と思った。

しかし、こんな事件でプロレスを辞めて何ができるのか？　一般企業に就職することはできないだろう。山奥で炭を焼いたり、木こりになって、人目を避けて生きていくしかないのか。それも元プロレスラーらしい、かな……。

先輩や同僚たちの反応はさまざまだった。ただ、大半の人は「これで棚橋は終わったな」と思っていたと思う。

それでも、病室には藤波さんたちがお見舞いにきてくれた。いちばん印象に残っているのが長州さんだ。長州さんはお見舞いの花を贈ってくれた。花束にはさまっていたカードには、長州さんの字でこんなメッセージが書いてあった。

「人生は長い。あきらめずに頑張れ」

号泣した。

感情が高ぶっていることもあって、涙が止まらなかった。追いつめられているときに手をさしのべてくれた人のことは、きっと一生忘れないと思う。

ああいう経験をすると、いつか逆の立場になったときに長州さんのようなことができる人間になりたい、と思う。

僕は幸運にも、会社から復帰を許された。

2002年12月20日、僕は頭を丸刈りにして復帰会見をして、その3日後、今度はPRIDEのマリンメッセ福岡大会の会場にいた。

リング上の猪木さんに「元気がありすぎるとスキャンダルが起きる。棚橋出てこい!」と呼ばれて、はじめてPRIDEのリングに上がり、猪木さんの闘魂ビンタを受けたあとで挨拶をした。

「お騒がせしております。……でも、こうやって生きています。生きているから可能性がある!」

僕はプロレスに救われた人生だ。プロレスという特殊な業界・ジャンルでなければ、カムバックはできない事件だった。あれ以来「僕はプロレスに生かされている」と思うようになったし、もう一度チャンスをくれた新日本プロレスにはどんなに感謝してもしきれないと思っている。

あれから、僕は憑き物が落ちたようにプロレスのことだけを考えるようになった。「プロレスをやりきること」以外に生きる道はなかったのだ。そう思えば、どんなことも感謝できるし、どんな理不尽なことも我慢できる。引退するまで新日本プロレスに恩返しをしようと心に固く誓った。

第3章
迷走する会社、相次ぐ離脱者

みんなが「できない理由」
を列挙して放り出して
しまっていたら、
そこで終わりだったろう。
僕らが耐えて、
守り抜いたからこそ
新日本プロレスの
「いま」があるのだ。

スーパースターたちの退場

僕が新日本プロレスに入門した１９９９年前後、プロレス界は一大転換期を迎えていた。

アントニオ猪木さんが１９９８年4月に現役を引退し、１９９９年1月には、ジャイアント馬場さんが61歳で亡くなった。

長く「プロレス界の顔」であり続けた2人のスーパースターが不在となり、その間隙を縫うようにして、K-1とPRIDEが台頭して格闘技ブームが巻き起こった。

新日本プロレスは長年「業界の盟主」と言われて、年に何度もドーム興行を開催できる集客力を誇っていたが、２０００年代に入ると退団者が相次いで観客動員は下降線をたどり、少しずつパワーダウンしていった。

01年、橋本真也さんが退団し、ZERO-ONEを設立。

02年、武藤敬司さん、小島聡さん、ケンドー・カシンさんが退団して全日本に移籍。長州力さんが退社。佐々木健介さん退団。

03年、鈴木健三（健想）さん退団。

05年、柴田勝頼退団。

06年、西村修さん、吉江豊さん、後藤達俊さん、長尾浩志、田中秀和リングアナら11名が退団。藤波辰爾さんが退社。


社員まで含めると、会社を去った人の数はこの倍以上だろう。

まるで沈む舟から動物が逃げていくように、次々と新日本プロレスから去っていった。

「U－30無差別級王座」への愛着

2003年、IWGPにU－30無差別級王座という新しいベルトが作られた。30歳以下のレスラーを対象としたタイトルだ。年齢で挑戦資格を区切ったベルトはプロレス界の中でも非常に珍しい。

このベルトによって20代の若手選手が目立つチャンスを与えられて、もっと新日本プロレスは活性化する……という名目だったが、要は会社の「棚橋救済措置」だったのだと思う。「このベルトに縋《すが》りついて上がってこい！」というメッセージだと僕は受けとった。

アントニオ猪木さんの全盛期は日本プロレス時代の27歳のころだった、というのをそのころちょうど何かの本で読んでいた。当時の僕は27歳だ。これからがレスラーとしての全盛期なのだ。

「ヘビー級もジュニアヘビー級も関係ない。いちばん体力があって、いちばん動ける年代のチャンピオンを決めよう！」

そう打ち出してみたけど、全然反響がなかった。

僕はU-30というベルトにすごく成長させてもらったと思っている。新しく作られたベルトなので、「なぜいま、このベルトが必要なのか？」を自分で考えて意味づけをして「これからこのベルトをどう輝かせていくか？」を見ている人に伝えていくことが僕の使命だった。

難題だったけど、これまでにないテーマを抱えて悪戦苦闘することで僕は鍛えられたし、「見る人に自分の考えを発信する」ことの難しさを学んだ。

2004年4月23日、僕は真壁さんを破ってこのベルトを巻き、通算11回防衛したが、2005年1月4日東京ドームで中邑真輔に負けて王座を失った。

するると中邑は、僕が防衛しながら磨き上げてきたU-30のベルトを防衛もせずに封印してしまう。

僕は2005年6月に「U-30無差別級王座決定リーグ」で全勝優勝を果たして、第3代王者となったが、結局2回防衛して返上。このベルトを受け継いでくれる若手もいなくて、そのままベルトは封印されてしまった。

いま、新日本プロレスには若手育成のための若手選手主体興行「NEVER」から生まれたNEVER無差別級王座が作られているが、僕は「それならU-30を復活させればいいじゃないか」と強く思っている。誰も聞いてくれないのが寂しい限りだが、それぐらい僕にとってU-30は愛着のあるベルトなのだ（誰か……）。

無茶ぶりには自分から乗っかっていく

このころ、会社は次々と新しいことを試みていた。

エンターテインメント色の強い「レッスルランド」、女性ファンを集めた「ひなバトル」。アパレルメーカーと組んだ「デビロック興行」では「マスクド・デビロック」という覆面レスラーまで登場させた。Tシャツを買いにくるついででもいいからプロレスを見てほしいな、と僕は思った。

他の選手からは「ちょっとこれは乗れないな」という反応もあったけど、僕は会社が打ち出す新しいイベントや新しい試みには自分からどんどん乗っかっていった。すべて「肯定」から入る。僕は機会があるごとにこう主張した。

「闘うテーマは、会社から与えられるものをただ待っているのではなくて、自分から見つけていくものだ！」

会社から提示された対戦カードや新しい試みを、いかに自分で消化して、見る人にアピールして盛り上げていくか。

これはサラリーマンの仕事にも通じると思う。上司から振られた仕事の中には「無茶ぶりだ」と感じるものもあるだろう。だけど、それを拒否したり、やる気もなくただこなしていたら、それは自分が成長するチャンスを逃すことになるのだ。

そもそも「それは無茶ぶりだろ」と感じるということは、「自分の発想にはまったくなかったこと」と捉えることもできる。

それならば先入観は捨てて、無茶ぶりだろうが何だろうが、まず肯定して「オレが盛り上げてやる！」と前向きに取り組んでみる。最後までやり遂げることができたとき、自分の経験の幅は確実に広がっている。

僕は、U‐30、ひなバトル、レッスルランド、デビロック興行と、新たなものに挑戦するたびに、プロレスラーとしての幅を広げていくことができた。「そんなの盛り上がるはずがない！」と否定から入っていたら、何も得られないのだ。

「ハッスル」にはリスペクトがなかった

2006年にスタートした「レッスルランド」では、僕は振り切って「プロレス界NO.1のナルシスト&チャラ男」ぶりを発揮した。

だけど、それは当時話題を集めていた「ハッスル」とはまったく違うものだ。

「ハッスル」は2004年に「ファイティング・オペラ」を掲げて始まり、有名タレントをリングに上げることでプロレスを扱わない一般のメディアにもどんどん露出した。一時的にハッスルの知名度は上がり、盛り上がったかもしれないが、僕はハッスルを見ていて「これがプロレスの代表だと思われたくない」と思っていた。

僕は（たとえチャラチャラした見た目であっても）、その奥に膨大な練習量が透けて見えないようなプロレスは嫌だ。ハッスルにはまず、そこの部分で違和感を覚えた。

そして、チャンピオンとして団体のトップに立つ選手は、他の選手たちの家族までも養っていかなくてはいけない、というのが僕の「エース像」だ。しかし、当時のハッスルのトップ選手に「ハッスルの選手全員を食わせていくんだ」という覚悟があったのかどうか。僕はないと感じた。伝わってくるのは「自分が稼げればいい」という姿勢だ。

プロレスに対する愛も感じなかった。

僕らはなぜ体を張ってプロレスをやっているのか？

見ている人から「プロレスってすごい！　プロレスラーはすごい！」というリスペクトを勝ち得たいからだ。多くの人に「プロレスラーってすごい！」と言われたいという思いは、リングに上がる動機のかなり上位にくる。

ハッスルはどうだったか？

見る側は風変わりなイベントとして盛り上がって楽しんでいたかもしれないが、ハッスルに所属していたレスラーは、観客からリスペクトされていただろうか？　僕は、その逆だったのではないかと思う。

いまだから言えることだが、じつは当時、僕のもとにハッスルから引き抜きの話がきていた。ハッスル側からは具体的な金額も提示されていて、年間5千万円の3年契約だという。そのころ、僕が新日本でもらっていたギャラからすれば破格の数字だった。

でも、即座にお断りした。ピクリとも気持ちは動かなかったのだ。それは、やはりハッスルのリングにプロレスに対するリスペクトを感じなかったからだ。

いちばん大切なのは自分の仕事に誇りを持てるかどうか、なのだ。

ハッスルのエース格だった小川直也さんは柔道の五輪銀メダリストだ。柔道の受け身はお手の物だろうけど、プロレスの受け身は柔道とはまったく違う技術が求められる。だから、小川さんの試合には「相手を輝かせる」という要素はなかった。オレのほうがすごい、オレのほうが強い——それだけだ。

しっかりと受け身をとってきたプロレスラーは、背中の厚みを見ればわかる。たとえば名選手、ヒロ斎藤さん。僕らはあのぶ厚い背中を目指しながら、ひたすら受け身をとってきた。「受け身の数だけ強くなれる」と信じてやるしかなかった。

スタミナが切れてしまおうが、ダメージで意識がフラフラになろうが、「どんな状

態になろうとも自分の身は自分で守る」というのがプロレスの受け身の基本だ。だから、新日本プロレスではどんな体勢、どんな状態でも受け身がしっかりとできるレベルに到達しないとデビューはできない。

怪我でしばらく試合から離れて、復帰すると、最初は全身にかなりのダメージを負う。受け身、ロープワーク、試合勘といろいろなものが鈍ってしまうからだ。だから、キャリアが何年のレスラーであっても、復帰後は注意深く、以前の状態に戻していく作業をしなくてはならない。

また、僕ら新日本プロレスのレスラーはつねにふるいに掛けられてきた。入門テスト、デビュー、その後も試合のたびにジャッジされて、最後まで生き残った者がＩＷＧＰヘビー級チャンピオンという称号を得られる。

ハッスルにはそうしたシステムがなかった。知名度があるから、芸能人だから、ということでリングに立てて、しかも主役になれてしまう。本職のプロレスラーは脇役だ。タレントさんが輝くためのお膳立てをしているのがプロレスラーなのだ。

ハッスルもしっかりとしたプロレスの技術を持った中心選手が必要だったのだろう。だから僕にオファーがきたのではないかと思う。

僕は一度だけ、ハッスルと絡んだことがある。残念ながら、当時の新日本プロレスはハッスルを飲み込んでしまう体力がなかったのだ。

2004年11月13日、大阪ドームで僕はU-30王座をかけて中邑真輔と闘うことが決まっていたが（ファン投票で決まったカードだったのだ）、数日前に急遽カードが変更されて、僕は天山広吉さんと組み、ハッスル軍の小川直也・川田利明組と闘うことになった。

中邑とのシングルが流れたのも、新日本のリングに彼らを上げることも本当に悔しかったが、そのころの僕らにはどうすることもできない。彼らに新日本のリングの上で「ハッスルポーズ」をさせなかったのが精一杯の抵抗だった。

唯一、ハッスルの台頭でプラスになったのは、僕のまわりにいる新日本のレスラーの志の高さを再確認できたことだ。

いちばんは真壁選手だ。真壁選手は体を張って、小川選手たちのハッスルポーズを阻止してくれた。当時、新日本の中ではあまりいい待遇を受けてなかったけれど、つねに真壁さんは僕に言ってくれた。

「タナ、オレたちの世代で変えていこうぜ！」

あのときの真壁さんの言葉にどれだけ救われたか。自分がくじけそうになったときも、近くに「もっとよくしていこう！」という先輩がいたのは本当に心強かった。付き合うなら、やはり志の高い人間でなければいけない。やっぱり一緒にいると影響されてしまうのだ。志のある人とつねに接してこられたのは、僕にとってラッキーだった。

僕が「新・闘魂三銃士」に乗っかったわけ

このころの会社のやり方には正直「どうだろう？」と思うことが多かった。

たとえば、「G1クライマックス」は毎夏盛り上がる新日本の名物シリーズだ。だけど、そのころはG1での優勝が、次のシリーズに上手く繋げられていなかった。夏の打ち上げ花火で終わって、シリーズが終わった翌日にはリセットされている感じだった。

いまは「G1優勝者は1・4東京ドームのメインイベントに向かって走っていく」という流れができているが、かつてはそうではなかった。

2004年ごろ、僕、中邑真輔、柴田勝頼の3人は「新・闘魂三銃士」として売り出された。これに中邑と柴田は猛反発したけれど、僕は否定はしなかった。「この3人の中から誰か抜け出すのか。それをファンも注目している」

そう発言することで、「この3人の中から次の新日本のエースが出てくる！」という期待感を煽り、注目を高めることを考えた。

やる前からレスラーが「そんなの無理だ」「ピンとこない」と言ってしまったら、ファンが乗れるわけがない。僕は素直に「そういう売り出し方をしていくんだな」と思って、これもチャンスだと捉えることにした。結局、「新・闘魂三銃士」はさほどブレイクすることもなく消滅してしまったけれど、それはまた別の話だ。

もちろん僕にしても、この3人が肩を組んで一緒にやっていくのは気持ちが悪いなと感じていた。それに「新○○」や「ポスト××」と名付けられて大ブレイクした例はない。焼き直しではダメなのだ。それはわかっていたけど、それでも、無理やりにでも流れに乗っかっていく僕の気概と根性は、我ながらなかなかのものだと思うのだ。

でも僕の、こういう「優等生的な部分」が中邑と柴田には鼻についていたのかもしれない。

ドタキャン、カード変更の嵐

僕ほど、ドタキャンの被害に遭ったレスラーもいない。

ブロック・レスナー、柴田勝頼、ボブ・サップとさんざんドタキャンされた。普通なら腐ってもいいレベルだ。だけど、僕はそこで腐らず、立ち上がる力があった。自分でもよくやったと思う（こういうふうに自分を肯定することも大事なのだ）。

しかし、対戦相手にドタキャンされて急なカード変更が発生して、いちばん迷惑がかかるのは、その試合を楽しみにチケットを買ってくれたお客さんだ。

僕に限った話ではない。会社が低迷しはじめたころ、ビッグマッチのたびにドタキャンとカード変更が繰り返されて、新日本プロレスのレスラーはみんな振り回された。いいカードを組み、いい試合を見せて、お客さんを満足させて帰す。こんな当たり前のことが、この時期の新日本プロレスはまったくできていなかったのだ。

お客さんが減っていったのも当然のことだと思う。

僕は、対戦カードが発表されると、雑誌でのインタビューや自分の持っている雑誌連載、新日本プロレス公式モバイルサイトのコラムなど、できる限りの方法を使って、そのカードの意味や意義、自分の考える展開、試合にかける思いなどを発信していた。1人でも多くのお客さんに「棚橋と○○の試合を見たい」と思ってもらうためにだ。

ところが、ドタキャンとカード変更でこうした地道な努力が踏みにじられてしまう。それでも、気持ちを切り替えて、少しでもいい試合を見せようと最大限の努力をしたつもりだ。だが、何でも前向きに捉えていく僕でさえも、何度か心が折れそうになった。

そのあいだも、新日本プロレスに見切りをつけて、辞めていく人が後を絶たない。

僕は新日本プロレスに救ってもらった恩があり、実際に会社を辞めようと動いたことはなかったけれど、相次ぐドタキャンや、自分の理想とするプロレスがなかなかできないことに悩んで、2004年、2005年ごろ真剣に「新日本プロレスで難しいなら、アメリカに行って自分の理想とするプロレスができないだろうか？」と考えたことはある。それほど追いつめられていたのも事実だ。

悩み抜いた末に、僕は「理想のプロレスをこの新日本プロレスのリングで実現できるように、自分が会社を変えていこう！」と決意した。あのとき、日本で頑張ることに決めたのは間違ってはいなかったと、いまなら思える。

一期一会のプロレス興行

プロレス興行は厳しい世界だ。

プロレスラーは、毎日違う会場で、毎日違うお客さんを前に試合をする。同じ技をやっても、まったく違う反応が返ってくる。「安心」というものがない。プロレスには「これをやってさえいれば盛り上がる」という保証はないのだ。

だから、どんなベテラン選手だろうと試合前はみんなナーバスになる。「プロレスは生《ナマ》もの」とはよく言ったものだと思う。

怪我とはつねに隣り合わせだ。

昨日まで一緒にツアーを回っていた選手が、ある日突然、試合中の怪我で欠場せざるを得なくなり、入院することも珍しくない。

最近、百田尚樹さんの『永遠の0（ゼロ）』を読んでいたら、「朝、一緒に飯を食っていた操縦士が次の日にいなくなっている」というような台詞が出てきて、この言葉がツアー中の感情とリンクした。

誰かが怪我をして無念の欠場に追い込まれたときは、残された選手たちで欠場した選手のぶんまで頑張らなければいけない。今日も朝飯が食えることに感謝して、今日も試合ができることに感謝して、リングの上でベストを尽くさなければ、と思う。

ツアー中は緊張が続く。そうした経験をしているうちに、だんだん僕の中で「幸せのハードル」は低くなっていく。今日も試合ができる、今日も飯が食える、今日は子どもと遊べた。ふとした日常に幸せを感じられるようになってきた。

そのほうが幸せなのかもしれない。

その一方で、「あの服が買いたい」「このブーツも買いたい」といった小さな欲望もなくならなくて、実際しょっちゅう買っているけど（詳しくは棚橋ブログをご覧ください）、ちょっとずつ、目先の欲求を満たすことに執着するよりも、「今日もしっかり練習ができたな」という当たり前の日常に感謝できるようになってきているのはたしかなのだ。

リング上で血を吐いた佐々木健介戦

この時期、試合中に文字通り血反吐を吐いたことがある。佐々木健介さんの決め技、ノーザンライトボムを食らったときだった。

これもいわば尻ぬぐいの試合だった。佐々木健介対藤田和之のＩＷＧＰヘビー級タイトルマッチ（２００４年10月9日、両国国技館）で、藤田選手がスリーパーの体勢に入り、そのままマットに仰向けになって佐々木選手を絞め続けたら、「藤田の肩がマットについていた」とレフェリーが3カウントを入れて、タイトルが佐々木選手に移動してしまった。試合時間はわずか2分29秒。

この不透明な決着に、見ているお客さんが激怒した。「ふざけるな！」と暴動になって、舞台裏も大混乱だった。

このとき、僕は真っ先に試合を批判した。

「試合内容あってこそのベルトだろ。これではＩＷＧＰの価値が落ちてしまう」

僕は佐々木選手に噛みつき、次のＩＷＧＰヘビー級王座への挑戦者となった。

僕は試合の注目度を上げたくて、佐々木選手をさかんに「口撃」した。でも肝心のチャンピオン、佐々木選手はだんまり。僕は、暴動まで起きて地に墜ちてしまったＩＷＧＰの価値をもう一度高めるために、平たくいえば先輩たちの尻ぬぐいをするかたちでタイトルに挑戦するのだけど、なぜか僕だけが必死になっていた。

試合は、佐々木選手と僕が激しくやりあって、かなり盛り上がったと思う。最後は佐々木選手のノーザンライトボムを食らって、マットに頭から突き刺さって僕は敗れた。そして、ノドが詰まってリング上で血を吐いた。

この時期は本当にいろいろなことをやってきたな、という思いがある。

ドタキャン、尻ぬぐい。自分で始末をつけないまま、どんどん逃げていく人たちがいたから、中にいる僕らが頑張らなければならなかったのだ。

「できない理由」はいくらでも見つかる

新日本プロレスを出ていく人たちは勇ましかった。「新日本に未来はない」と捨て台詞を吐いて、さっそうと出ていく人もいた。中にいる者にすればたまったものではない。

武藤敬司さんが出ていくときは、こう言っていた。

「猪木さんが格闘技のほうに行って、ここではオレのやりたいプロレスができない」

それで武藤さんは全日本プロレスに行ったけど、僕は「それなら、武藤さんのやりたいプロレスを新日本でやればいいじゃん」と思っていた。

たび重なるカード変更や格闘技路線で、新日本プロレスのファンのあいだからは

「いまの新日本はどうなってしまったの?」という声が上がっていた。そうしてファン離れが進む中で、新日本を批判して出ていけば支持は得られるだろう。

まさに柴田勝頼がそうだった。彼はこう言ったのだ。

「オレはサラリーマンレスラーにはならない」

「辞めることが新日本だった」

だけど、それなら新日本の中でやり続けて、自分の理想とする新日本に変えていけばいい、と僕は思っていた。

そして、「サラリーマンレスラー発言」だ。会社の言うことを聞いて、前向きに試合を盛り上げようとする僕のことが、彼にとっては目障りだったのだろうか。そもそも、サラリーマンの仕事というものを、柴田はなめているのではないか。

新日本プロレスが迷走し、低迷しているのは誰の目にも明らかだった。こういうときは、会社批判をしていたほうが楽だ。マスコミやファンと一緒になって会社を批判すれば共感も呼びやすい。

「こいつはわかってる。状況を冷静に判断できている」

という評価になる。だけど僕は「それを内部の人間がやってしまうのは絶対に違う」と思っていた。

あのころ必要だったのは、第三者的な批判ではなくて「会社をこう変えていくんだ！」という前向きなメッセージと、それを実現させる気概と根性だったはずだ。

僕は根性でここまでやってきた。中邑も、真壁さんも、ずっと新日本プロレスで頑張ってきたレスラーはみんな「何が何でも新日本をよくしていくんだ」という強い思いを持っていた。

みんなが「できない理由」を列挙して放り出してしまっていたら、新日本プロレスはあそこで終わっていただろう。僕らが耐えて、守り抜いてきたから「いま」があるのだ。

「スーパールーキー」中邑真輔との関係

中邑真輔は僕よりも3年後輩だ。

アマチュアレスリングの実績と、学生時代から総合格闘技のジムに通い、格闘技の実力を磨いていたことが買われて、入門してすぐに猪木さんが作ったロサンゼルスのジムで英才教育を受けて、総合格闘技に挑戦。2003年12月には天山広吉選手を破り、史上最年少の23歳でＩＷＧＰヘビー級王座を獲得した。

人呼んで「ストロングスタイルの継承者」。

僕にとって、中邑はジェラシーの対象だった。１８８センチの長身で、身体能力がものすごく高い。アマレスの実績も、総合格闘技の実績もあり、ＩＷＧＰヘビー級王座もいち早く手にした。僕にないものをすべて中邑は持っていた。

それで、僕は「自分にとって中邑がジェラシーの対象であること」をプロレスラーとして利用させてもらった。密かに嫉妬するのではなく、中邑に対する感情を露わにしたのだ。

「オレは中邑に先を行かれて悔しい！」

自分の感情を正直に出すことによって、僕の闘うテーマが見えてきたし、それを観客に伝えることで、少なからず「棚橋」に乗ってくれる人も出てきた。

こういうシチュエーションはプロレスに限ったことではない。後輩社員が自分よりも先に出世していくことはどんな会社にもあることだと思う。

だから、僕が素直に「優秀な後輩に先を越されてしまって悔しい」「それでも負けない。絶対に追いつき、追い越してやる！」と言ったことで、自分のことに置き換えて「棚橋、わかるぞ」と共感してくれた男性ファンもいたと思う。

プロレスは社会の写し鏡だと言われる。僕は、中邑と僕の関係性をファンに伝えられたら、必ずファンに共感してもらえると考えた。「共感」は大事なのだ。

なんだか姑息なやり方だと思われてしまうかもしれないけど、僕が中邑にジェラシーを持っているのは本当のこと。リアルな感情だからこそ、見ている側にもストレートに伝わるのだ。

僕にとって中邑は待望の「切磋琢磨《せっさたくま》できるライバル」だったし、「棚橋対中邑」がライバル対決として、次世代の新日本プロレスを代表するカードになるという手応えも感じていた。

選手が1人でどんなに「プロレスを盛り上げたい！」とあがいたところで、その感情はなかなか見ている人には伝わらないし、共感もしてもらえない。

だけど、自分とは境遇も考え方も闘い方も異なる「ライバル」を見つけることによって、お客さんは「どっちに乗るか？」を考えるようになって、試合に感情移入しやすくなる。僕の闘うモチベーションも上がるし、試合に向けての煽りもしやすくなる。

プロレスは「対立軸」がはっきり見えると格段にわかりやすくなるものだ。僕と中邑は、先輩・後輩でもあるけど、バックボーンも違えば、考え方もキャラクターも違う。中邑は僕が成長するうえで不可欠な存在だったのだ。

「スリングブレイド」の名づけ親は中邑だった

中邑真輔とは一時タッグを組んでいて、一緒にメキシコ遠征に行ったこともある。

僕が膝を怪我したときは鍼《はり》の先生を紹介してくれたり、試合前に僕の膝に塩をふってくれたこともあった。

僕がかつて決め技に使っていた「スリングブレイド」という技の名づけ親もじつは中邑だ。なかなか技の名前が決まらなくて、変形ネックブリーカーとか旋回式ネックブリーカーとか呼んでいたときに、中邑が提案してくれたのだ。

「スリングブレイドはどうですか？」

僕は「それだ！」と思った。

「お、いいね。なんか知らないけどカッコいいじゃん！」

そんな会話がシリーズ中の盛岡大会であって、次の日から僕の決め技は「スリングブレイド」になった。

後日、僕はちょっと気になって「スリングブレイド」で検索してみたら、『スリング・ブレイド』という洋画のタイトルが見つかった。

「どんな内容の映画だろう？」

気になって調べたら、知的障害のある孤独な中年男性がナタのような刃物（これがスリングブレイド）で殺人事件を起こすまでを描いた映画だ（1996年のアカデミー最優秀脚色賞を獲得している）。

「こんなドス黒い映画のタイトルなのか」

刃物による殺人。その武器の名前がスリングブレイド……。

このとき、はじめて気づいた。

「おいおい、ブラックジョークだったのか！」

まだ「事件」（刃物で背中を刺されてしまったあの事件……）の余韻がさめやらぬころだ。喜んで「カッコいいじゃん！」と言ってしまったオレの間抜けさ。これは中邑の援護射撃なのか、きつい皮肉だったのか、真意はいまだにわからないけど、はからずも僕の大事な決め技が訳ありの名前になってしまった。

しかし、中邑はずいぶん重たい映画までちゃんと見ているんだな……。中邑のサブカルチャーに対する造詣の深さを垣間見た思いだった。

中邑とは、一緒にメキシコ遠征に行っても部屋は別々であまり深い話ができなかった。地方の試合に行ったり、7時間もバスに揺られてグアダラハラ（メキシコ第2の都市）に行って試合をしたり、2人だけの時間は結構あったけど、やっぱり3年後輩という壁もあって、それほどは仲良くならなかった。

じつは僕は仲良くなりたかったけど、中邑は絶対に「先輩・後輩」の壁を崩そうとはしなかった。

一時期、僕は「太陽」と言われたけど、中邑と僕は「月と太陽」みたいにニコイチ、2人で1セットだった。

いまとなってみれば、2000年代中盤の新日本プロレスは「棚橋対中邑」をメインにしなければいけない時期だった。あのころはお互いにまだ、十分な実力がなくて「新日本の黄金カード」と言われるまでに盛り上げられなかったのは本当に残念だ。

第4章
新日本プロレスファンを敵に回して

まず、すべてを
受け入れることから始める。
無理やり「ポジティブだ、
プラス思考だ」と
考えるのではなく、
まず受け入れること。

「チッ、棚橋かよ！」

誰にだって、失敗して落ち込んでしまうときがある。切り替えよう、と思っても、失敗を引きずってしまい、なかなか気持ちを立て直せないこともある。そんなに簡単なことじゃない。

そういうときのために、1個、おまじないを作っておくといい。

僕がやっているのは、人差し指を顔の前で円を描くように一度回して、指をパチンと鳴らしながらこう唱える。

「わ〜すれろ！」

僕はこれで嫌な思いも、失敗したことも、すべて忘れることにした。

いつから始めたのか、正確には覚えていないけれど、このおまじないを作ったきっかけはよく覚えている。ほぼ毎日、会場でブーイングを浴びていた時期だ。

僕はプロレス界ではきわめて珍しい存在で、ヒール（悪役）でもないのに、ブーイングをもらい続けた時期が軽く2〜3年はあるのだ。

本来、僕は新日本プロレスの本隊側。いわゆるベビーフェイス（善玉）の立場なのに、本隊側にいるレスラーの中では唯一、僕だけがブーイングをもらい続けた。たぶん普通の人なら廃人になってしまうぐらいのストレスだったと思う。

僕に対して、とくに激しいブーイングが起きるようになったのは2006年ごろだ。その年の7月、僕はブロック・レスナーの持つIWGPヘビー級王座に挑戦することが決まった。この大一番で、悲願のIWGPヘビー級王座を初戴冠したい。そのためにも大会を盛り上げたい。僕は、インタビューや連載コラムで毎日のようにレスナー戦を煽った。

ところが、またしてもドタキャン。契約上のトラブルでレスナーの来日が不可能になった。そこで、急遽、新日本のレスラーによってIWGPヘビー級王者決定トーナメントが開催されて、僕は決勝戦でジャイアント・バーナードを破って優勝。第45代IWGPヘビー級王者となった。

だけど、僕は自他ともに認める「ストロングスタイル」のイメージがないレスラーだ。コアな新日本のファンからは「棚橋がIWGPヘビー級王者なんて」という不満の声が挙がり、それがやがて会場でのブーイングに変わった。

とくに、IWGPヘビー級のタイトルマッチになると客席の反応は露骨だった。僕には激しいブーイング、対戦相手には応援のコールで、本隊のチャンピオンなのにつねにアウェーで闘うことを余儀なくされた。

「棚橋がIWGPチャンピオンでは嫌だ」というわけだ。

僕はガチで嫌われていた。

プロレス的なブーイングはよくわかっている。お客さんがヒールに対して、親指を下に向けながら「ブー！」と騒ぐのは、試合を一緒に盛り上げるためのブーイングだ。僕に浴びせられたブーイングは、棚橋というプロレスラーの存在自体に対する嫌悪感を表すもの。明らかに違う。

ある先輩が会場入りするとき、こんなことがあったそうだ。移動バスから降りてくる僕の姿を見たファンが、小さな声でつぶやいたのだ。

「チッ、棚橋かよ！」

毛嫌い以外のなにものでもない口調を聞いて、先輩は言葉を失い、さすがにそのことを僕に伝えることはできなかったという。何年もたってから、「じつはあのころに……」と教えてくれた。

理屈というよりも、生理的に嫌われていた感じだと思う。昔ながらの新日本プロレスのファンには受け入れられないタイプだったのだ。

前にも書いたように、僕はプロレスラーになる前は人から悪口を言われたことがなくて、他人の悪意に対する免疫がなかった。ひょっとしたら鈍感で友だちに陰で悪口を言われていても全然気づかなかっただけかもしれないけれど、学生時代に「敵」を作ったことがなかった。

だから、プロレスラーになってはじめて気づいたのだ。

「世の中にはオレのことを嫌いな人もいるんだな……」

ある意味では、とても幸せに生きてきた人間だから、ファンの反応に困惑して、戸惑い、対処が遅れてしまったということはある。

ポジティブシンキングの前に、すべてを受け入れる

毎日がアウェーでの闘い。しかも、僕がずっと「一緒に新日本プロレスを盛り上げていこう！」と呼びかけて、同じ気持ちだと信じてきたファンから拒絶されてしまうという辛い状況が続いた。

このまったく想定外の逆風には「気持ちを前向きに！」なんていう心がけだけでは

抗《あらが》えなかった。自分では「オレはポジティブシンキングだ、すべてをいい方向に考えるプラス思考の人間だ」と念じていたけれど、リング上で来る日も来る日もブーイングを受けているうちに内心、「これは厳しいな」と思うようになってきた。

だけど、誰にも弱音を吐いたことはなかったし、誰かに相談したりもしなかった。

ただ、意外なところで意外な人からアドバイスをもらったことがある。

遠征先の姫路のホテルだった。マッサージを頼み、おばちゃんにマッサージを受けながら僕は自慢げに言った。

「僕、いつもプラス思考なんですよ」

そうしたら、なんとおばちゃんに一喝された。

「あなた、それはとっても危険よ」

おばちゃんは、プラス思考はもちろんいいことだけど、その前に「まず、すべてを受け入れなさい」と言う。プラス思考・マイナス思考の上位に「物事をあるがままに受け入れること」があるというのだ。

「受け入れると、次のことが見えてくるよ」

おばちゃんに言われて、考えた。

物事をすべてプラスに、ポジティブに考えようとすると、そのうち視点を変えたり、解釈を変えてみても、どうしてもプラスには解釈しきれないことも出てくる。そのとき、都合の悪い部分を切り捨てて「なかったこと」にして、プラスに考えられることだけを見るようになったら、それは現実を直視していない、ということだ。

だから、まずは一度しっかりと現実と向き合い、覚悟を決めてすべてを受け入れる。体力のいる作業だけど、それができたら、人としてもう一回り大きくなれる。

すべてを受け入れるということは、プロレスラーとしてのプライドである「相手の技を絶対に避けない、すべて受ける」にも通じる話だ。

運命論として、どんな困難もその人にとって必要だから起こる、という考え方がある。試練は乗り越えるために与えられたもので、乗り越えられない試練などない、と。

だけど、あまりにも辛い試練に直面したときはどうだろう？

まさに僕がそうだった。連日のブーイングは試練だった。僕は新日本プロレスを盛り上げたい一心で頑張っているのに、共闘してくれると思っていた熱心なファンから「棚橋は嫌だ」とNGを食らった。

心に負ったダメージは大きくて、どん底に突き落とされた気分だった。その時期、たしかに僕はプラス思考では処理しきれなくなっていたのだ。

そんなときは「まず、すべてを受け入れること」から始める。無理やり「ポジティブだ、プラス思考だ」と考えるのではなく、まず受け入れる。そして対処の仕方を考える。

その第一歩として、まず「ファンが棚橋弘至に対して拒否反応を示している」という、僕にとって辛すぎる現実を受け入れなくては……。

「負の感情」で時間を無駄にしたくない

これは最初にも書いたことだけど、僕はもともと、自分に自信のない人間だ。

プロレスラーになってからも「プロレス界を背負うのはオレしかいない！」という自信に満ちた自分と、「オレなんて体も小さくて、ズバ抜けた身体能力もないから……」といういじけた自分が交互に、それもかなり短いスパンで現れる。

だから発言も揺れ動いてしまって、ときどき、前に言ったことと全然違うことを言って、周囲を振り回すこともある。ただ、いつも自信満々、強気一辺倒なのではなくて、気持ちの波があるからこそ驕《おご》りにつながらないし、「こんなところもきっと、自分のいいところなのだ」と考えることにしている。

大きいことを言えば、必ず「大丈夫かな?」と心配になる弱気な自分もいるので、そのぶん頑張らなければいけなくなる。だから必死になってやる。まず先に大きなことを言ってしまい、それから自分の言葉に追いつくために全力で頑張るのだ。この「自分を追い込むための方法論」はつねに意識している。

プロレスの場合は、全然盛り上がらない試合をしてしまっても、すぐに次の試合があるので、挽回するチャンスは必ず巡ってくる。普通の会社員で、一定期間ごとに数字で結果を示さなければいけない立場の人に比べたら、ある意味でプレッシャーは少ないのではないかと思っている。

その一方、僕らの仕事は結果が「お客さんの歓声」というかたちでダイレクトに返ってくる。お客さんの反応は正直で、誤魔化しや言い訳は一切できない。レスラーの人気と力量が日々、1試合ごとに試される、という意味ではとてもシビアな世界だ。

プロレスラーなら誰でも、会場を盛り上げたいと思っている。けれど、いつも盛り上げられるわけではもちろんない。試合は「生もの」だから、何がどう転ぶかはわからない。僕もお客さんがウンともスンとも言わない試合をたくさんしてきた。

でも一度失敗して、そこで落ち込んでしまうのではなく、すぐに反省点を見つけて、解決策を考えて、改善して次に繋げるようにしなければ、プロレスラーとしての成長はないし、未来もない。

自分で言ってしまうけれど、僕のいいところは忘れるのが早いことだ。事前にイメージしたような、盛り上がる試合ができないときがある。

「わあ、変な試合をしてしまった！」

試合の直後はすごく落ち込むけど、僕は「落ち込んでいる時間がもったいない」と思って、すぐに切り替える。こういうときに、前述した「忘れるためのおまじない」が効くのだ。

切り替えることができたら、気持ちをこれからのことに向けられるし、道場に行って練習したり、ウェイトトレーニングしたりもできる。

僕がこれまでの人生で「他の人よりも得をしている」と感じるのは、落ち込んでいる時間がとても短いことだ。落ち込んでいる時間に限らない。他人に対してイラついたり、怒ったりする時間についてもそうだ。

ネガティブな感情によって大切な日常が止まってしまうとき、僕は「時間がもったたいない」と思って、例のおまじないで切り替えて、できるだけ早く前を向く。目の前のやるべきことに取り組む。

この感情の切り替えが早くできればできるほど、中身の濃い生活、中身のぎっしりと詰まった人生を送ることができるのではないだろうか。僕の場合は、感情や人生の振り幅が大きすぎるような気がしないでもないけれど……。

若手選手の退団で湧き上がる自責の念

2006年から翌年にかけて、僕に対するブーイングは激しくなるばかりだった。どんなに全力で試合をしてもブーイングが止むことはなかった。

それでも「オレがリングで表現したことは、観客から審判を受けなければならないんだ」と思って耐えた。自分で「出しきった！」「頑張った！」と思っても、僕らの仕事は観客に支持されなければ意味がない。

このころは本当に孤立無援だった。先輩方は退かないし、同世代はいないし、後輩からは突き上げられて、中邑には相手にされない（苦笑）。

新日本プロレスの低迷も続いていた。

「自分しかいない。この苦境を抜け出すには、自分が突き抜けなければいけないんだ」

そういう思いで頑張ったが、誰かが引っ張り上げてくれるわけではない。

当時も、連載コラムや日記はできるだけ楽しい感じにして、明るいオーラで包み込んで情報を伝えてきたつもりだけど、いま読み返すとチラっと苦悩が見えてしまっている。

折れて、妥協してしまうのは簡単だった。新日本プロレスのエースの座を他の誰かに任せて、それで団体が盛り上がるならそれでよかった。だけど、冷静にまわりを見回したときに「オレしかいないんだ」と思った。

会社が低迷した時期、何人もの人が会社を去っていった。

安沢明也《あんざわあきや》という若手がいた。アニマル浜口ジムを経て新日本に入ってきた期待のヤングライオン（新日本プロレスの若手レスラーの総称）だったが、2006年、25歳の若さで新日本プロレスを退団し、引退してしまった。

IWGPジュニアタッグにも挑戦して、これからというときだった。怪我をして、プロレスを続けられなくなったわけでもない。そんな期待の若手が辞めていくのを見ると、やはり考えてしまう。

「彼も『上』を見ることができたら、辞めようと思わなかったんじゃないか？　すべてはチャンピオンとして会社を盛り上げられないオレの責任じゃないか……」

僕に人気があって、もっとチケットが売れて、もっと盛り上げられたら、彼もこの世界に夢を見ることができたのではないか。そう考えると辛かった。

「ファストフード化するプロレス」への抵抗

U-30王者のころ、僕は技を簡単に出しすぎるプロレスを「プロレスのファストフード化」と呼び、批判していたことがある。まるでファストフードのように手軽に、サッと楽しめるプロレス。お客さんがてっとり早く楽しめるように、技をとにかくたくさん出して、盛り上がる箇所をたくさん作るプロレス。

その結果、選手も、試合も、個性がなくなって、同じような技を使うプロレスラーが同じような試合をしてしまう。

ファストフードは、お手軽というよさはあるけど、長い目で見ればマイナスも多い。

僕は「プロレスのファストフード化」という流れに抵抗して、一つひとつの動きや技を意識して、よく咀嚼《そしゃく》して……試合の中で起承転結のある、というスタイルの試合をやった。それも、当時の新日本プロレスで浮きまくった原因かもしれない。

ただ僕自身、自分がやろうとしていることをきっちりお客さんに伝える能力があったか、といえば、残念ながら当時の僕にはまだそこまでの技量はなかった。だけど「プロレスの試合はこうあるべきだ」という理想は昔から持ち続けていたから、そこに関しては一切ブレなかった。

とくに、技を出さない「余白」は大事にしたかった。技を次から次へと出しすぎると、お客さんがその技を味わう「間」を奪ってしまうことになる。たとえば往年の名レスラー、リック・フレアーが持っていたような「間」だ。これがなくなると、見る側に余韻が生まれない。

そうなると、プロレス本来の美しさが失われてしまうのだ。

プロレスはマンネリとの勝負だ。ブシロードの木谷《きだに》高明会長がよく、「エンターテインメントは飽きられたら終わり」と言われていて、僕も本当にその通りだと思う。プロレスのファストフード化が進むと、飽きられるスピードが格段に早まってしまう。見る側に「次への期待」が失われてしまうのだ。

ただし、マンネリについて言うと、どんなに「またか」と言われようがやり続けて、やがてあるレベルを越えてしまうと、ついには「芸術」の域にまで高められるということもある。たとえば、リック・フレアーがコーナーポストからデッドリードライブで放り投げられる一連の動きだったり、猪木さんの延髄斬《えんずいぎ》りだったり。

それが「定番のムーブ」として定着するまでは、ファンとの根くらべだ。ファンが「フレアーがデッドリードライブで投げられるところが見たい！」と思うようになるまで、あきらめずにやり続ける。

新しい動きを披露すると、最初はお客さんもなじみがないから戸惑うし、全然ウケないかもしれない。だけど「反応が悪い」とあきらめてしまったらそこで終わりだ。我慢して、強い気持ちで、定着するまでやり続ける。

僕にも葛藤はあったけど、自分の信じるスタイルをやり続けた。

僕の決め技はなぜ「ハイフライフロー」なのか

2006年、僕は新たなフィニッシュ技を使い始める。

それがいまや僕の代名詞にもなっている「ハイフライフロー」だ。この技は、じつは僕が浴びていたブーイングとも大きな関係がある。

来る日も来る日もファンからブーイングを受けて、僕は発想を変えようと考え始めた。批判する人は何をしようが批判する。それなら、批判を気にするよりも、まだプロレスを見たことのない人にプロレスを広めることに目を向けよう。

「はじめてプロレスを見た人も楽しめるプロレス」

それが僕の中で大きなテーマになったときに考えた。

「はじめて見た人にもインパクトがあって、痛みが伝わる技がほしい」

それなら飛び技がいい。100キロの人間が高いところから飛び上がり、加速をつけて体当たりすれば、「痛み」を想像しやすい。

このわかりやすさが大事だった。

コアなファンから見たら「頭から落とす技」でも「顔面を蹴る技・殴る技」でもないから、刺激の弱い、つまらない技に見えるかもしれない。だけど、僕はプロレスをはじめて見にきた人にもわかりやすく、「ダイレクトに痛みの伝わる技」であることを重視した。

では、技の名前をどうするか?

プロレスは何よりも「イメージ」が大切なジャンルだ。

アントニオ猪木さんの「燃える闘魂」は秀逸なキャッチコピーだと思う。「炎の飛龍」藤波辰爾、「破壊王」橋本真也、「革命戦士」長州力、「黒い呪術師」アブドーラ・ザ・ブッチャー、「狂える虎」タイガー・ジェット・シン。その人のパーソナリティーとファイトスタイルがピタリとハマっている。

僕は、昔のプロレス技には「技の名前から技の形と破壊力がイメージできる」というよさがあることに気づいていた。たとえば、猪木さんの「卍固め」は卍に見える。「ココナッツクラッシュ」は硬いココナッツさえ割れてしまいそうだ。技の名前から、その技を受けたレスラーの「痛み」までお客さんに伝わる。

そうした昔のプロレス技の秀逸なネーミングを念頭に置きながら、僕は自分の決め技に「ハイフライフロー」と名付けた。

僕は「ＨＩＧＨ（ハイ）」という言葉がすごく好きだ。携帯サイトの連載は「棚橋のＨＩＧＨ」、入場曲は「ハイエナジー」、アメブロのタイトルは「ＨＩＧＨ－ＦＬＹ」。だから、技の名前を考えるときに「ハイフライ」まですんなり決まって、もう一つ何か言葉を付け加えたいといろいろ考えて、「フロー」を思いついた。

アスリートの集中力が極限まで高まって、自在に動けるようになる状態を「ゾーンに入る」と言う。その「ゾーン」と同義語で「フロー」が使われていると知った。「いまはフローの状態だ」というように。

だから、「ハイフライフロー」で「高く飛んで集中した状態」という意味になる。僕がポンとトップロープを飛び越えて、コーナーに上がり、そして飛び上がって体を相手にぶつけて倒す、という一連の動きも「フロー」だ。

ハイフライフロー――。これなら韻を踏んで語呂もいいし、イメージがしやすい。一度聞いただけで「高く飛ぶ技なんだな」ということは確実に伝わる。僕の新しい決め技は、こうして決まった。

考え方を変えて、ブーイングもプラスにする

このころ僕は少しずつ、ブーイングへの対処も学びつつあった。

ひどいブーイングを浴びて本気でへこんでしまう日もあったけど、楽しくなかったかと聞かれれば、「すっげえ楽しかった!」と答える。毎日、とても充実していたことはたしかなのだ。

そこは考え方一つだ。ブーイングをもらって「これから、この逆風をどうやって逆転していこうか?」と考えれば「よし!」と思えるし、ものすごいブーイングを食らうことがあっても、僕に大ブーイングがくるということは、対戦相手の永田裕志選手には大コールがくるということだ。そう考えれば、「試合を盛り上げられたんだからいいじゃないか」と切り替えられる。

僕はずっと新日本プロレスの本隊、ベビーフェイス(善玉)の側だけど、それでいてブーイングをもらえたのは「これはこれで貴重な経験なのだ」と思うようにもなっていた。

日本人レスラーにとって「海外遠征」は出世の糸口だ。海外に行った日本人選手は「よそ者」として、必然的にヒール(悪役)を経験する。ヒールとなって「いかに客席を煽って、いかに憎まれるか」を経験すると、プロレスラーとしての幅は確実に広がる。その経験を糧《かて》に、日本に帰ってトップ選手になる、というのが日本のプロレス界の伝統になっている。

僕は、ごく短期間の海外修行しか経験していない。先輩たちのように長期の海外修行をすることを望んでいたけど、会社から許可が出なかった。

僕がデビューしたころ、すでに会社に余裕がなかったことと、デビューしてすぐに「タナケン」で人気が出て、「いなくなったら多少は集客に影響するんじゃないか」という、本当に目先の利益が優先されるかたちで「棚橋は海外には出さない」と会社から言われてしまったのだ。

またちょうどその時期、アメリカのWCWがなくなったり、まだメキシコCMLLとのルートもなかったりで、最適な海外修行先がなかったという理由もある。

だから、僕には海外に出て、ヒールとしてブーイングを浴びながら試合をした経験はないが、日本にいながら、ベビーフェイスでありながらブーイングを浴びるという貴重な経験をした。つまり「オレは海外修行がいらなかったレスラーなんだ」と考えるようになったのだ。

ブーイングは自分を見直すきっかけにもなった。

プロレスラーには「24時間レスラーでありたい」という気持ちがある。僕もつねづね「棚橋には裏表はない。24時間棚橋だ」と思っている。リングの上は四方から見られるので、生き方から考え方からすべてが出てしまう。隠し事ができないので、自分の「人間性」で勝負をするしかない。

僕は若いころ「とにかくカッコよく見られたい」と思っていた。カッコいい技や派手な技を使って、カッコよく勝つ。自分を仮面ライダーの主人公のように、カッコよく見せることばかり考えていた。

だけど、そうしてカッコつけているうちは、人は認めてくれないことがわかった。人は「カッコ悪い部分」に共感する。「あいつダセえなあ。でも何か応援したくなるな」というのが人情だ。

人前で恥をかくことは誰だって嫌だけど、人前で恥をかいて、かいて、そうして鍛えられて人間は強くなる。それに、恥をかく姿をさらけ出してしまうことで、見ている人の共感を得たりする。まさに猪木さんの言う「恥をかけ」だ。

そんなとき、僕を変える試合があった。後藤洋央紀《ひろおき》との試合だ。

後藤洋央紀に罵倒されて「チャラ男」へ

「おい、チャラ男！」

後輩の後藤洋央紀に言われて、僕ははじめて気づいた。

「あ、オレはチャラいのか……」

2007年11月11日、東京・両国国技館大会で後藤の挑戦を迎え撃ったIWGPヘビー級タイトルマッチは、僕にとって生涯忘れられない試合だ。「新日本プロレス伝統の、新日本プロレスらしいレスラー」になれなかった僕が、全力で「チャラ男」へと振り切るきっかけになったのだ。

これには少し説明が必要だろう。現在の「100年に一人の逸材」と言い続ける姿からは想像もつかないかもしれないが、これでも若手のころは「新日本プロレスらしい武骨なプロレスラー」を目指していたのだ。

2004年に僕はテレビ朝日系の『朝までプロレス討論会』という番組に出演した。テーマは「他の格闘技に押されているプロレスをいかに復活させるか?」だった。当時K-1やPRIDEの勢いに圧倒されていた新日本プロレスをいかに盛り上げるか。僕は「若手論客」として自信満々にこう発言した。

「プロレスはもっと男くささを前面に出していくべきです!」

すると、早坂好恵さん(スペル・デルフィン夫人)ら女性ゲスト陣から猛反発を食らってしまった。

「そんなことだから新規のファンが入りにくくなるのよ」

以前から「女性や子どものファンを大事にするべき」と繰り返し主張してきた僕らしからぬ発言になってしまったけど、本当は「さわやかさや見た目のわかりやすさは格闘技に任せて、プロレスは格闘技では出せない精神的な闘いや男くささで勝負すべきだ」と言いたかったのだ。

男くささや浪花節はプロレスの醍醐味。その考えはいまに至るまでずっと変わらないのだけれど、新日本プロレスのファンからのブーイングで「そこはオレの担当じゃないな。もっと適任のレスラーに任せればいいんだな」と思い始めていた。僕の担当はやっぱり女性と子どもかな……。

そんなふうに考えていたとき、両国国技館でのＩＷＧＰヘビー級タイトルマッチを前に、後藤が言い放ったのだ。

「オレはチャラいヤツは大嫌いです！」

僕はビックリした。自分が「チャラい」という自覚がまったくなかったのだ。

そうか、そんなふうに見えるから、昔からの新日本ファンに僕は嫌われてしまったのか。

それなら、もっとチャラくしてやろう。そう決めて「チャラいレスラー」として発言も徹底した。

後藤は後藤で、より男くさく「荒武者」というキャラクターを打ち出してきた。

じつを言えば、棚橋対後藤のＩＷＧＰヘビー級タイトルマッチをメインイベントにしたこのときの両国大会は集客に苦しみ、実質２０００人ちょっとくらいしかお客さんが入っていなかった。だけど、大会は異常に盛り上がった。

とくに、メインの棚橋対後藤がものすごい盛り上がりを見せて、観戦した東京ダイナマイトのハチミツ二郎さんは「平成新日本のベストバウトだ！」と絶賛してくれた。プロレスファンのあいだでは「新日本の両国がすごく盛り上がった」と評判になったという。

試合後、海野《うんの》レフェリーとこんな話をした。

「お客さんが入ってないときこそ全力でやっていこう。こんなことなら会場に見にいけばよかった、と思わせてやろう」

そんな意地を持ってリングに上がると、試合は白熱するし、お客さんも盛り上がってくれる。

あとから考えると、あの両国がターニングポイントになった。僕にとっても、後藤にとっても、新日本のプロレスラーにとっても。

僕はプロレスファンのパイを増やしていくためには「分業制」でいいと考えている。男くささは真壁さんと後藤、サブカルは中邑、10代はオカダ・カズチカ、キャッチーないでたちでキャッチーなプロレスが見たいファンは棚橋——みたいに。いまはタレントが揃い、それぞれが思いきり自分の個性をアピールするようになっているから、分業制も上手くいっている。

かつての新日本プロレスはストロングスタイル一色だった。みんなが猪木さんを見て、同じようなコスチュームで同じような試合をしていた。ところが、肝心の猪木さんはエグゼクティブプロデューサーとなってＰＲＩＤＥの会場にいる。

僕は「新日本のリングで『プロレス』をやります！」と猪木さんの前で堂々と宣言して（２００２年２月１日の北海道立総合体育センター大会。健三さんが「明るい未来が見えません！」と発言して話題になった、あのリングだ）、他のレスラーとの違いを鮮明に打ち出すことをとにかく考えた。

それがブーイングにつながったけれど、後藤洋央紀との試合で振り切れた。だけど、チャラ男がチャラ男のままでいても面白くない。チャラ男だけどどこか可愛げがある、チャラいんだけどプロレスに対してはものすごく真摯でトレーニングも真面目。そういう面も出していくと、評価してくれるファンも増えてくる。

少しずつだけど「プロレスラー棚橋弘至」をどうプロデュースしていくかを、僕は掴み始めていた。

第5章
全力プロモーション

期待には期待以上で返す。
それが僕のやり方。
自分よりも
もっと頑張っている人に
目が行くのが
僕のいいところだと思う。

小泉進次郎さんの「名言」

２００６年、はじめてＩＷＧＰヘビー級チャンピオンになった直後のことだった。全日本プロレスから新日本に移ってきた営業の社員にこんな提案をされた。

「旭川のプロモーション、一緒に行ってもらえませんか？」

「いいですよ、行きましょう！」

その人も全日本から移ってきて早く何か結果を残したいし、僕もＩＷＧＰチャンピオンになってそういうプロモーションを「やってみたいな」と思っていたときだった。

実際に地方に足を運んでみると、これまでにない手応えがあった。

地元の方と直にコミュニケーションをとって、いろいろなところで宣伝をした。すると、低迷していたその時期としては「奇跡的」と言われるほど、旭川大会が盛り上がった。プロモーションに足を運んだ場所からいろいろな人がいっぱいきてくれて、営業の社員と2人で「やりましたね！」と達成感にひたった。

こうやって宣伝して、自分の顔を売って、知ってもらえたぶんだけ応援してもらえる。

「いま、できることはこれしかない！」

他にプロレスを広める方法も見つからなくて、この旭川大会をきっかけに僕は直に地方に足を運んで、大会をPRするプロモーション活動を始めた。いまや、新日本プロレスのレスラーはオフのあいだも各地方に足を運んで精力的に大会のプロモーション活動をしているが、その第1号は何を隠そう僕なのだ。

2006年からの3年間は、ほぼ1人でやっていた。

2009年くらいからは僕がメインでやりながら、ときどき真壁刀義選手も加わってくれるようになった。2012年からは小島聡さん、天山広吉さんもプロモーションに入ってくれるようになって、僕は少しだけ時間にゆとりができた。

2006年からの5年間、僕はひたすらプロモーションに走り回った。僕の「全力で振り切るぜ！」というブログの決め言葉にならえば「棚橋弘至の全国全力プロモーション」だ。

プロモーション活動をやるようになると、まずオフがなくなった。他の選手はシリーズが終わるとしばらくオフになるけど、僕はその期間を次のシリーズのプロモーションに充てていたからだ。

そのしわ寄せは家族に行ってしまった。子どもが小さかったとき、妻がすべての面倒をみていたので、本当に大変だったと思う。家にいるときは極力手伝っているけれど、プロモーションで家を空けてばかりなのだから……。

地元の新聞、ラジオ、タウン誌、ミニFMラジオと、とにかく出してもらえそうなところにはどこにでも足を運び、いろいろな話をして場を盛り上げて、最後に大会の告知をさせてもらった。

この時期の携帯サイトの日記を読み返すと、よく「エマージェンシー！（緊急事態）」と叫んでいる。日記ではおどけながら「でも頑張るぜ！」で締めているけど、「緊急事態」は心の底からの叫びだった。とにかく目の回るような忙しさだった。

当時、オファーは何でも受けていた。少しでも試合のプロモーションに繋げたいから、プロレス専門誌『週刊ファイト』では「北風と太陽」と題する連載コラムを執筆し、『週刊プロレス』では隔週の連載コーナー「ドラゴンノート」の取材を受けて、新日本プロレスオフィシャルの携帯サイトのコラムも毎週書いた（現在は隔週で連載）。

つねに締め切りに追われている状態で、ちょっとした売れっ子ライターになってしまった。「学生のころは新聞記者になりたかったから、夢が少しかなったのかな？」

と思ったりもしたが、時間のやりくりは大変だった。

専門誌やスポーツ紙の取材の合間を縫ってプロモーションのためのメディア出演やイベント出演。試合がある日のほうがスケジュールは楽なぐらい、ひたすら露出を増やして大会のPRをしまくった。

ときどき、こんな質問をされた。

「他の選手が休んでいるあいだに、棚橋選手だけがプロモーションで走り回っていて、不満には思わなかったですか？」

僕のいいところは（と自分で言ってしまうけど）、自分よりも頑張っている人に目が行くところだと思う。だから、他の選手を見て「あいつら、楽をしてズルいな」と思ったことは一度もなくて、いつも「あの人、オレなんかよりもっと頑張ってるな」と自分よりも多忙な人を見て刺激を受けていた。

僕は『週刊SPA！』の松尾スズキさんの連載コラムを愛読していたのだが、コラムからは松尾さんの多忙ぶりが手にとるように伝わってきた。ときどき原稿が書けなくて紙面のレイアウトが変わっていたりするし、出演している舞台の袖で他のシナリオを書いていたりもした。

だけど、そんなギリギリの多忙ぶりさえも楽しく読ませてくれて「忙しい自分」を苦にしている様子はまったくない。

「オレなんか全然忙しくないんだな……」と思えてくる。

それに、新日本プロレスの大会のプロモーションを続けたことは、僕自身の大きな財産になっている。

その土地土地を回って、直接会ってコミュニケーションをとった方々は、何年たっても僕のことを覚えていてくれて、会場に足を運んで僕のことを熱心に応援してくれるのだ。

2013年夏の参院選の選挙特番で、小泉進次郎さんがインタビューに答えてこんなことを言っていた。

「大都市で大勢の前で演説をしても、みんな翌日には忘れている。でも、離島や過疎地に行って演説をすると、その人たちはずっと覚えていてくれる」

まさに僕が地方をプロモーションで回って、肌で感じていたことだ。

その番組では、こんなやりとりもあった。

池上彰さん「小泉進次郎を演じるのは辛くないですか?」

小泉さん「僕が演じているように見えますか？」

プロレスもまったく同じだな、と思った。

プロレスラーがキャラクターを無理やり「演じて」いたら、お客さんには一発で見抜かれてしまう。リングは360度、あらゆる角度からお客さんに見られている空間だ。そのレスラーの人間性までもが、見ている人に伝わるのだ。そのレスラーの本性がバレて「こいつ、無理に作ってるな」と思われたら、お客さんはもうそのレスラーには乗れなくなる。

リング上とプライベートが全然違うプロレスラーもいるけれど、僕はリング上とリング外が変わらないので「ウソがない」というところには自信がある。もちろん、闘うときの集中力は日常生活とは全然違うけど、基本的にオンとオフの切り替えはない。僕はつねにオンだ。

「プロレスはちょっと……」との闘い

プロモーションに行って、いろいろな人と接することで僕は「世間からプロレスはどう見られているのか？」ということにはじめて気づいた。

たとえば「プロレス」と聞いただけで顔をしかめる、いわば「プロレス・アレルギー」を持つ人が本当に多かった。とくに女性からはほとんどそうした反応が返ってくる。

よくよく聞いてみると、プロレスの試合をちゃんと見たことはないという。だけど「流血」や「汗くさい」、そして「怖そう」というイメージが強すぎるのだ。

一度でいいから先入観を捨てて、会場で生の試合を見てもらえたら「面白かった！」と言わせる自信はある。だけど、感覚的に「イヤ」という人に対して、どんなにプロレスの素晴らしさを語って「ぜひ一度会場にきてください」と誘っても、返ってくる答えは決まっている。

「プロレスはちょっと……」

この「プロレス・アレルギー」という分厚い壁を前に、僕は先人の苦労を思った。力道山の時代から諸先輩方が「プロレスなんて〜」という視線を跳ね返すべく苦労してきた。猪木さんは「プロレスなんて」という視線にコンプレックスを感じ、怒り、それを「燃える闘魂」へと昇華させた。モハメド・アリ戦（1976年）は「オレがプロレスをボクシングと同等に引き上げてやる！」という猪木さんの執念の表れだった。

だけど、僕が直面した現実は諸先輩方の時代よりももっと厳しい。

僕は「プロレスは嫌い！」という声を聞くと、思わず「ありがとう！」と握手したくなった。プロモーションで全国を回ってみてわかったのだが、プロレスが好きだ嫌いだという以前に「そもそもプロレスというものを一度も見たことがないし、何も知らない」という人が本当に多かったのだ。とくに、僕よりも若い20代の大半はそんな感じだ。

たとえばラジオ局に行って、20代のスタッフと話すとこんな反応が返ってくる。

「じつは、プロレスの中継番組を一度も見たことがないんです」

「猪木さん？『ダー！』の人ですよね。プロレスラーだったんですか？」

1976年生まれの僕は、ギリギリ金曜夜8時に放送されていた『ワールドプロレスリング』に間に合った。おそらく、学校で友だちとプロレスごっこに熱中した最後の世代なのだ。

僕より5歳下になるとプロレス自体の認知度はガクンと落ちて、さらに10歳下ともなると「プロレスを一度も見たことがない」のが当たり前だ。16歳でプロレス界に入ったオカダ・カズチカ（1987年生まれ）は同世代に話の合う友だちはいたのだろうか？

プロレスは特殊なジャンルで、好きになるまでにいくつものハードルを越えないといけない。いまは地上波の中継番組が深夜の時間帯で30分間の放送だから、情報も自分で、能動的にとりにいかなければいけない状況が続いている。

僕と同年代や、その上の世代にはプロレスを嫌う人たちが大勢いて、その下にはプロレスについて何も知らず、関心もない若い世代がいる。僕はどうやってプロレスを広めていけばいいいんだろう？

プロレスではなく「棚橋弘至」を売り込む

僕が考えたのは、プロレスに興味を持ってもらうのではなくて、まず「棚橋弘至」という人間に興味を持ってもらう、という方法だった。

地方のラジオ番組に出演するときは、まったくプロレスに興味を持っていないMCの人を最初に口説き落とそうと心がけた。目の前の人に興味を持ってもらえずして、リスナーに興味を持ってもらえるわけはない。まずMCの人に「棚橋弘至」という人間にガッと食いついてきてもらうように、いろいろな話をした。

「なんだ、この面白い人は！」と思ってもらって、会場にきてみたらガッと激しい試合をしている。「棚橋って試合になると激しいな」。このふだんの僕とのギャップも必ずプラスに作用するはず、というイヤらしい計算もそこにはあるのだが、そうして、MCの人やスタッフが大会を見て「新日本プロレス、面白い！」となればしめたものだ。

正直なところ、ラジオに出演しても即座に大きな反響があるわけではないし、テレビのように毎回視聴率が出て、いろいろなところから「見たよ！」と反響があるのとは違う。1回出演して大会をPRさせてもらっただけではっきりした手応えが感じられるわけではない。

だけど、ラジオは長い付き合いをしてくれる。これがとてもありがたいのだ。

MCの人に気に入ってもらうと、翌年の大会をPRしてくれたり、告知のための電話インタビューに出演させてもらえることもある。一度「つながり」ができると、どんどん輪が広がっていくのだ。その成果で、本当にここ数年はいいプロモーションができている。いま新日本の地方大会が好調なのは、そんな積み重ねもあるのだ。

僕は自分からファンに質問する

僕が大会のプロモーションとともに大事にしていたのが、試合後の宴席や食事会だ。地方興行は、会場にきてくれるファンはもちろんだけど、チケットの販売に協力してくれた地元の社長さんとか、そういう方の協力があって成り立っている。その土地での興行も1回こっきりではないので「次回もまたよろしくお願いします！」という意味も込めて、試合後に開かれる食事会に僕は積極的に参加する。

ありがたいことに、「プロレスラーと一緒に飲みたい！」という強い要望があるし、レスラーを連れて飲み歩くのがステータス、ということもある。

ここでも大事なことは、参加した人に「棚橋と飲んで楽しかったよ！」というイメージが残ることだ。そうすれば、次にきたときも必ず協力していただけるし、会場に足を運んでもらえる。

だから、僕はそういうファンや後援者との食事会では全力で盛り上げる。ただ、お酒は弱いので（好きだけど）、一気飲みして「さすがプロレスラー！」というような方法は採れない。なので、僕はトークで場を盛り上げることにしている。

おそらく、自分からプロレスラーに話しかけたり、質問したりはしづらいと思うので、こちらからどんどん質問することにしている。

「最近どうなの?」とか、本当に下世話な話でもいいし、同世代の人となら同じ思い出を共有しているはずの「アイドルは誰が好きだったの?」という話題、小さなお子さんがいるお父さんなら子育ての苦労話と、とにかく共通の話題を見つけて話すことにしている。

もちろん、お客さんの生の声を直接聞けるチャンスなので、リサーチも欠かさない。大会の感想を聞いて、そして「またきてよ!」では押しつけがましい感じがしてしまうので、

「たまにはプロレスを見るのもいいでしょ? 年に1回とか、半年に1回ぐらいは生で見るのもいいよね?」

そんなライトな感じで誘ってみる。

「そうだな、半年に1回ぐらいならきてもいいな」

そう思ってもらえるように営業活動に勤《いそ》しむのだ。

試合後の食事会は、体力と時間のやりくりを考えるとすごく大変だ。

僕はメインか、その前のセミファイナルに出ることが多いから、試合が終わってからシャワーを浴びている時間もないのだ。大会が終わると食事会を主催する人から「30分後ね！」と声が掛かり、みんなを待たせるわけにはいかないので、いそいで汗だけを拭いて、身だしなみを整えて「お待たせしました！」と笑顔で食事会の場所に行くことだってある。

そういう場所は嫌々出ているとすぐに伝わってしまう。幸い、僕はお酒の席が好きなので楽しく盛り上げている。サインや写真は、希望されたらかならず全員に応じることにしている。お酒もおつまみも口にせず、ひたすらサインを書き続けることもある。

翌日は朝から次の大会が開かれる場所に移動しなくてはいけないので、さすがに朝までお付き合いすることはできない。ただ、プロレスラーのほうから「そろそろ帰ります」とは言いだせないので、会社の営業の人に「すみません、明日移動しなくてはならないので……」と言ってもらって、午前1時か2時にはホテルに引き揚げるようにしている。

ホテルに帰ってシャワーを浴びて、荷物の整理をすると午前3時、4時。そのあと洗濯をすることもあったので、朝の集合時間が早いときは、一睡もしないで部屋を出ることもあった。

新日本プロレスの伝統として、洗濯ものは多めに洗濯代を渡して若手にやってもらうということがあるのだが、会社が低迷している時期は新人の数も少なく、雑用で手いっぱいになってしまうので、なるべく自分で洗濯をするようにしていた。アメリカやメキシコに行くと、向こうのスター選手はロードの移動の手配や身の回りのことも全部自分でしていたから、そういう姿勢がカッコいいかなとも思っていた。

ただ、天龍源一郎さんと対談したときに「棚橋は自分で荷物を持ったらダメだよ」と教えられた。トップレスラーたるもの、大きな荷物は若手に任せて颯爽と歩くべし、と。つまり、ファンがその姿をどう見るのか、ということなのだ。

そんなわけで、地方シリーズで寝る時間はバスの中だけだったことも珍しくない。

そういうときは、一度バスの中で寝てしまうと会場に着いてもまったく起きないので、まわりに揺さぶって起こしてもらっていた。

「棚橋さん、疲れてるんですか?」

「いや、疲れてない!」

その日の夜も試合をして、夜は食事会でお酒。

そのころ「毎晩酒を飲んでいて、よくその体型を維持できるね」と言われたけど、そこは強い意志で炭水化物や揚げ物は食べないようにしていた。

僕にできることは「草の根運動」しかないと思っていた。試合前はプロモーションに走り回り、試合が終わると食事会で営業活動。

そして、そんな努力も空しく、リングの上ではブーイングを浴びる毎日……。

脱・殿様商売

僕がそうしたプロモーション活動を大事にしていることは、現場の営業の社員はよくわかってくれていても、会社としてはピンときていなかったと思う。

まだ2006年、2007年当時の新日本プロレスは、それ以前のいい時代、ゴールデンタイムの放送があって「テレビに出ている人たちを一目見よう」と地方会場にお客さんが押し寄せた時代や、闘魂三銃士で日本各地のドームを満員にしていた時代を経験している人が多かった。

だから、悪く言えば「殿様商売」だ。意識としては「売り手市場」のままできてしまったところがあった。

もうそんな時代じゃなかった。いまは本当に面白いと思ってもらえなければ会場にきてもらえないし、いろいろなエンターテインメントがある中で、お客さんが見たいものを選ぶ「買い手市場」なのだ。

いっこうに変わらない会社の中の意識と、見ているお客さんの意識とのギャップに、僕はいち早く気づくことができた。それもこれも、営業の最前線に行って社員と一緒に営業回りをしたり、プロモーション活動をしたりしていたからだ。

当時、現場の声が会社の上層部に届いていたのかどうか。これには疑問符がつく。

僕は名古屋のプロモーターの方と親しくしていて、プロモーションにもよく出かけたのだが、行ってみると、「棚橋さん、今回も厳しいよ」とよく言われた。

プロモーターは、どうしても会場が埋まらないとみると大量に「招待券」を配る。それは悪しき風習だと思うけど、そうやって会場を埋めてもらうと、その興行を売った側（新日本プロレス）からは観客が入っているように見える。それで安心して、危機感を持たなかったのかもしれない。

だけど、リングにいるレスラーは敏感に察知するものだ。僕も「あれ？」と思うことがよくあった。

会場は満員なのに反応が違う。何をやっても盛り上がらない。自分でチケットを買ってくれたお客さんが「楽しもう！」と思って観戦しているのと、招待券をもらったお客さんが「じゃあちょっと見てみようか」と観戦しているのとでは、会場の空気がまったく違うのだ。

そのことは他のレスラーも感じていたはずだけど、新日本プロレスには歴史と伝統があるから、そこをあえて見ようとせず、目をつぶっていたところがあったと思う。「いい時代」を経験している人ほど、一度、プライドを捨てなければダメだ。

僕は「いい時代」を経験していないし、上から「オレは棚橋だ！」という気持ちは一切ない。だからプロモーションでも食事会の席でも「プロレスを全然知らない」という人には、できるだけ丁寧に説明をする。プロレスというのはこういうもので……とゼロから話すことも苦にはならない。

そうやって話して、「もし機会があれば、ぜひ会場に見にきてください」と付け加えるのも、あのころの僕の仕事の一部だった。

「知っている選手は応援しやすい」の法則

僕は自分自身の経験から、知り合いになったり、会って話をしたりした人は「棚橋を見よう」と会場に足を運んでもらえて、応援してもらえる可能性が高いことを知っている。

だから、まず「棚橋」という名前を覚えてもらう。そうすれば、深夜のテレビ中継でも、雑誌やラジオでも、ネットでも、クイズ番組でも、どこかで僕が出演しているところを見たら、また会場にもきてもらえるかもしれない。

「選手を知っているか知らないか」はすごく大事だ。僕がよく自分のブログで若い選手を写真入りで取り上げるのは、名前と顔だけでも知っていてもらえば会場でコールが起きやすくなるし、「ああ、こういう選手がいたな。応援しよう」というきっかけにもなると思うからだ。

僕は名前も顔も知られていなくて、ずっと苦労してきた。大外を走って遠回りをしてきたから、若手選手には少しでも短い距離を走ってほしいと思っているのだ。

「存在を知ってもらう」ということで言うと、アメーバブログ（アメブロ）を始めたのは新日本プロレスでは僕がはじめてだった。

２００９年、新日本プロレスのスタッフから「アメブロやりませんか？」と誘われて、新しい試みをするのは大好きだから「やります！」と即答して始まった。

やってみて、すぐにこれはすごいツールだと思った。プロモーションの手段としてもかなり使えるなと思ったのだ。

ブログの記事を１本書こうとすると最低でも30分はかかるけど、これは必要な時間だ。基本は「何日に大会がありますよ！」という告知だけど、それだけでは見てもらえないので、必ずちょっとした工夫をすることにしている。

僕はブログについて、インタビューでこう答えたことがある。

「今日一日、何も楽しいことがなかったという人は僕のブログを見てください。一日に一度笑えたら、すっきりして寝られると思うので」

僕は「何か面白いことはないかな？」と探しながら生きている人間なので、毎日ブログを更新することも全然苦ではない。

ブログの記事には必ず一つは「楽しいこと」を入れる。写真も、以前はなかった日もあったけど、写真があるとブログの記事に厚みが出るような感じがして、いまは必ず入れている。

ツイッターのほうが反応は早いけど、ブログはじっくりと読めるので、その住み分けも考えながらやっている。

ツイッターもコミュニケーションの手段として始めた。僕はツイッターでも思ったこと、感じたことをそのまま書けばいいと考えているけど、それでも「プロレスラー棚橋弘至」として見られているという意識はいつも持っている。ツイッターも大勢の人に見てもらいたいし、どうせ見てもらうなら、楽しい気分になることやタメになることをツイートしたいなと考えている。

ちなみに、妻からは「自宅での携帯禁止」を言い渡されている。「ふだんから家にいる時間が少ないのに、家にいるときまで仕事をしないで。携帯に触らないで」ということなのだ。なので、ブログの記事は道場にいるときや、子どもを寝かしつけたあとに書いていることが多い。妻がお風呂に入っているあいだに素早く（コッソリと）携帯で打ってアップしていることもある。

コラムはパソコンで書いている。Ｗｉ－Ｆｉを飛ばしてリビングで書いているけど、自分の書斎がほしいなあ、といつも思う。「売れっ子ライター」としては、書く環境の問題はちょっと切実なのだ。

情報は一度告知したくらいでは伝わらない

プロモーション活動をしていて「情報って、なかなか伝わらないんだな」と痛感した。一度や二度告知したからといって「○○で大会がある」という情報は人の記憶には残らないのだ。

だから、基本的に「情報はそう簡単には伝わらないものだ」と思って、何度も何度も繰り返し、丁寧に発信しなくてはいけない。

いまはブログやツイッター、ポッドキャストといったツールもあるが、ここでも「1回ツイートしたから」「この前、ポッドキャストで取り上げたから」と安心していたら大間違いだ。ネットに1回載ったぐらいでは世間に情報は届かない。

その一方で、思いがけないかたちで情報が広まることもある。

僕が大会終了後にリングのまわりを一周して、残ってくれたファンとハイタッチしたり、女性とハグしたり、子どもを抱き上げて一緒に写真撮影をしている映像が、あるときネットにアップされた。

すると「棚橋のファンサービスはすごい」とツイッターで話題になった。僕からすれば、メインイベントに出場して勝ったとき限定のファンサービスとしてずっとやってきたことなので、そんなに珍しいことではないけれど、どんなかたちにせよ、こういう情報が広く伝わるのは嬉しい。

ちなみにブログには「試合結果については書かない」と決めている。読む人に楽しんでもらうために書いているものなのに、試合について書いたらそれができなくなる。だから、よほどのことがない限りは書かない。

２０１３年10月、僕は「負けたらＩＷＧＰ戦線撤退」という条件を掲げて挑戦したＩＷＧＰヘビー級選手権で王者オカダ・カズチカに負けて、試合後「さらばＩＷＧＰ！」と宣言した。その後、そのままイギリス遠征に向かったこともあって、数日間ブログを更新していなかったら、コメント欄のコメント数が６００個近く（いつもは１００個程度）になるという凄まじい事態になっていた。

いまは、それだけファンが関心を持ってくれるようになったのだ。

僕はプロモーションで日本中を回ってきた。いろいろな人と直に話をして、会場で応援してもらう。その地道な繰り返しと、さまざまなメディアでの情報発信の成果が

現在のブログやツイッターでの反響になっているのだから、ありがたいことだ。

思いがけないボーナス——カート・アングル戦の感激

ほんの数年前、僕はインタビュー取材でこんな話をしたことがある。

「僕がもうしばらくプロレス界を支えて、何とか少しでも人気を高めるようにして、そして次の世代の新しいスターに渡したいです」

いつもなら「オレがどんどん盛り上げますよ！」と吠えるところだけど、そのときはちょっと弱気な面が出てしまった。

地道にプロモーション活動を続けてはいたけれど、プロレスのビジネスは下がるばかりで浮上のきっかけがなかなか掴めないし、手応えもなかった。口では「オレがもっともっと盛り上げていきます！」と言ってきたけれど、1人になると「いつになったら浮上できるんだろう？」と思い悩んでいたのだ。

でも、弱い顔は見せられない。僕が先頭に立ってあらゆるプロモーションをコツコツとやって、少しずつ、少しずつよくしていくしか方法はない。それでも、立て直しにはまだまだ時間がかかるだろうと考えていた。

そんな厳しい状況でも、ときどき「プロレスをやってきてよかった」と心の底から思えるときもある。

2009年4月5日、挑戦者にカート・アングルを迎えてのIWGPヘビー級タイトルマッチはメディアに「学生プロレス対オリンピック金メダリスト」と書かれてしまったが、僕にとっては憧れの人との試合で、楽しみでしかたがなかった。

いざ対戦してみて驚いた。カート・アングル、彼は「エア」だ。

つまり、プロフェッショナル中のプロフェッショナル。彼と試合をする前と後で、僕は劇的に変わった。「プロはこうあるべきだ」というものを試合の中で教えられたのだ。僕のIWGPヘビー級タイトルマッチの中では試合時間15分は短いけど、彼に触れられただけで感激した。

日本人のアマチュアレスリングで実績のある人の中には頭が固い人も多いけど、アングルはアマレス世界一、金メダルをとったのにプロレスができる。やはりショーン・マイケルズとカート・アングルは僕の中では別格だった。

アングルは、WWEでの練習中にブロック・レスナーをレスリングで子ども扱いしてしまったとか、数々の武勇伝が残っている。試合では脇役に徹することもあるけど、でも「本当はやれるんだぜ！」というそのスタンスがまたカッコいい。

学生時代にアマチュアスポーツで実績を残した選手は、プロレスを始めてからもプライドが邪魔をする。「他のヤツらと一緒にすんな！」と。だけど、カート・アングルは、ケツを蹴られると大げさに飛び上がる。しかもそれを、首に金メダルをかけたままやってしまうカッコよさだ。

金メダリストは誰よりも強くて当たり前。それだけでは何も面白くない。だけど、アングルは平気な顔で誰よりもバカをやってしまう。金メダリストなのにおまぬけ。この観客の予想の逆を行く言動が、「アングルは次は何をやらかすんだ？」という期待感をふくらませる。

日常生活でビッグヘッド（頭でっかち）になっている選手は、アングルの爪の垢を煎じて飲んだほうがいい。見ている人の「想像」を超えられるかどうかが、プロレスラーにとって大事なことなのだ。

第6章

浮上のとき

あきらめず、コツコツ
やり続けていると、
風向きがパッと変わる
瞬間がある。
来た、来た、来た！
という驚きと興奮。

この瞬間のことは、
いまも忘れられない。

2011年年頭、3か条の公約

僕にとって勝負の年になったのが2011年だ。

新春恒例の1・4東京ドームで小島聡さんからIWGPヘビー級王座を奪った。新日本プロレスのトップの証、IWGPヘビー級ベルトを巻くのはこれで5度目だ。僕はそれまでと違う決意をもって、リング上で訴えた。

「もう一度、これからのプロレス界をオレに任せてください！」

僕が新日本プロレスを力強く牽引して、プロレス界を盛り上げていく、という決意表明だった。

数日後、僕はスポーツ紙のインタビューで「3か条の公約」を掲げた。

1、「王者として、プロレスをより高いステージにもっていく」

いちばん忙しい人間になりたいし、ベルトを巻いた人間が頑張らないで誰が頑張るんだと。王者が全力で走るのだから、他の選手も全力でついてこないとどんどん引き離されるぞ！

2、「新日本プロレスラーの強化と発展」

いま、第1試合からメインまですべての流れがいい方向に向かっていて右肩上がりだが、他団体に頼らない体制を目指すべく、いまいるトップにプラスして若手が台頭して代謝がよくなることが大切。僕自身はIWGP王座防衛戦を全国でやりたいし、ビッグマッチを全国で開催する力をつけなくてはいけない。

3、「日本プロレス界の意識改革」

景気がよくなれと願うより、プロレスから景気をよくしてやる、というまったく違う発想が必要だ。プロレス興行があると、周辺の交通機関や飲食業など経済効果はハンパない、だから「オレたちの町にもプロレスがきてくれ！」と言われるようにするのだ。

また、プロレスラーの意識改革も必要だ。アスリート的な体と洗練されたコスチューム、そしてプロレスファン以外にも説得力のある肉体、思想、思考……、それが村社会から飛び出すキーワードだ！

（『デイリースポーツ』平成23年1月9日付け「バトルワールド　新日本IWGP新王者・棚橋新年の抱負」）

改めて読み返すとすごくカタいことを言っている。プロレスを盛り上げるために休む間もなくプロモーションを続けているのに、いっこうに「これからますます盛り上がるぞ!」という手応えが感じられず、危機感を持っていたのだ。

もう一段、上の努力を積み重ねるしかない。

僕は並々ならぬ決意で2011年の闘いに足を踏み入れた。

「オレは仙台のこの景色を、この日を、生涯忘れません!」

IWGPヘビー級王者になって「日本全国にプロレスを広めるんだ!」「盛り上げてやるぜ!」といろいろなところで言い続けてきたけど、僕の中で唯一、不安な土地が仙台だった。

仙台にはあまりいい思い出がなかった。

新日本プロレスの仙台大会は、宮城県スポーツセンターが取り壊されてからというもの、5年ぐらいZEPP SENDAIというライブハウスを借りてやっていた。会場のキャパは500~600人だけど、その人数でさえ満杯にできなかったのだから、本当に苦しい時期だった。

仙台は苦手な土地だった。

黙って試合を見ているお客さんが多くて、僕がどんな技を出そうが、煽るポーズをしようが、何をしてもまったく沸いてくれない。あまりの反応のなさに、あるときは、ついにキレて試合後のコメントで言ってしまった。

「お通夜みたいな試合をしてしまった。だけど、オマエら（会場にいるお客さん）、何を見にきているんだ！」

不謹慎な発言をしたうえに逆ギレとは……。

いま考えても情けないかぎりだが、そのときの僕の本音がポロっと漏れてしまった。チケットを買ってくれたお客さんに対して、「せっかく見にきたのなら楽しめよ！」と憤っていたのだ。

でもあとで気づいた。会場が盛り上がらないのは、僕に会場を盛り上げるだけの技量がなかったからなのだ。プロレス界は「いまはテレビがないから」「こんな不景気な時代だから」なんて言い訳が多くて、そのことに反発してきた僕なのに、「観客が盛り上がろうとしていない」と言い訳をしてはいけない。

勝負の2011年、IWGPヘビー級王者として臨む最初のビッグマッチが仙台だった。

僕はキャパ3000人以上の仙台サンプラザホールを満員にするためにプロモーションに奔走して、その結果、3200人、超満員札止めのお客さんを会場に集めることができた。

試合も第1試合からすごい盛り上がりで、メインで小島聡選手を挑戦者に迎えたIWGPヘビー級王座初防衛戦は一挙手一投足に歓声が沸き上がり、僕と小島選手は完全にお客さんに乗せられて思いきり闘った。

僕は、小島選手の得意技でもあり、僕自身はめったに使わないラリアットで流れを変えて、最後はハイフライフローの2連発でピンフォールを奪った。

会場の盛り上がりと、お客さんの大歓声に僕は泣いた。

「オレは仙台のこの景色を、この日を、生涯忘れません！」

マイクで叫んだあの言葉にウソはない。

これまで盛り上がる試合もできず、試合後のコメントでは不謹慎な発言をして、さんざんやらかしてきた僕を、それでも信じて会場で応援してくれた仙台のお客さんの歓声を僕はずっと忘れない。

その後、ＩＷＧＰヘビー級王座の連続防衛記録を「11」まで伸ばして新記録を作ったけれど、「いちばん思い出深い防衛戦は？」と聞かれると、僕は「仙台です」と答える。

仙台での盛り上がりが僕に自信を与えて、さらに力強く前に進む力をくれたのだ。

地方の大会を大事に全力で

僕が入門する前の話だ。マスコミから「新日本プロレスは地方で手を抜いている」と批判されたことがあった。実際どうだったのかはわからないが、そもそも、そんな批判が出るようではいけないと思う。

僕の持論は「年に一度しか行けない地方大会こそ、大事にしなければいけない」というものだ。

タイトルマッチの前には地方で「前哨戦」が組まれる。だけど「この数日後にタイトルマッチがあるから」なんていうことは、その大会を楽しみに見にきた地方のファンには何の関係もない。年に一度きりの、その「1回」を楽しみにきてくれるのだから、その大会に全力を注がなければいけないのだ。

もちろん、シリーズを通したテーマは大事だけど、同時にその日、その会場にきてくれた人には絶対に楽しんで満足して帰ってもらう。そのことを僕は大事にしてきた。ただ、残念ながら「地方こそ大事に」という僕の考えは、数年前までは、会社の中で少数派だったように思う。僕と同じ考えを持っていた人間はまわりにいなかったし、そこまで会社も考えきれていなかったのではないか。

新日本プロレスの中にいる人の多くが、まだ古きよき時代の興行スタイルから抜けきれていなかった。

「地方の1大会を大事に、全力で」と口で言うのは簡単だが、実践するためには想像以上の苦労がある。その一つが「試合のダメージ」だ。

試合をするのはだいたい夕方から夜。試合直後は興奮物質（アドレナリン）が出ているので、体の痛みはまったく感じない。ところが、クールダウンして、興奮が収まってくると体のあちこちが痛みだす。それがだいたい朝方で、熟睡していると痛みに気づかないが、翌朝に目が覚めると全身に痛みがあることは珍しくない。

レスラーは痛みに強い。打撲や靭帯を痛めるのは慣れてしまっているし、捻挫、ムチウチ程度なら湿布もしない。湿布をするのはよほど痛みが酷いときだ。

レスラーの中には、痛み止めを日常的に飲んでいる人も多い。医者がなかなか処方箋を出してくれない強い痛み止め、ボルタレンを飲んでいるレスラーもいる。

僕は、なるべく痛み止めを使わないようにしている。どうしてもヒザが痛いときやぎっくり腰のとき、虫歯の痛みや緊急のときに飲むぐらい。それは家族に迷惑をかけないためだ。

アメリカのプロレスラーが若くして亡くなるケースが多いのは、一般的なイメージだと「ステロイドの使い過ぎ」だろうけど、WWEではいまステロイドは禁止になっているし、それが直接の原因ではない。

ロード（遠征）が長く、どうしてもストレスが溜まりやすいので、痛み止めやカフェイン、エフェドリンのような興奮剤、さらにはソマという筋弛緩剤など、さまざまな薬物を同時に摂取して、そのうえにアルコールを大量に飲み、そして睡眠導入剤を大量に飲んで心停止、というケースが結構多いのだ。

サプリメントは積極的に摂る僕が（サプリメントは栄養補助食品なので）、痛み止めを使うのに慎重なのにはそんな理由がある。

「いつでも全力」の代償はたしかに大きい。けれども、だからこそやりがいがある、と僕は思っている。

お客さんは「覚悟の量」を見ている

激しい試合を続ければ、ダメージも溜まっていく。

2011年は、毎日のようにメインイベントに出場して、月に一度のペースでIWGPヘビー級王座の防衛戦をしていたので、ダメージは溜まる一方だった。かなりギリギリの状態で闘っていることは見ている人にも伝わったのだろう。ファンから「あんなに激しい試合ばかりで大丈夫ですか?」とよく心配された。

いちばん心配してくれたのは同業者のレスラーだったかもしれない。とくに天山選手によく心配されていた。

「タナちゃん、大丈夫か? いまはいいけど(ダメージは)後からくるよ」

天山選手もケガをして長期欠場した経験の持ち主だから、僕のダメージがよくわかるのだろう。

でも僕はとにかく盛り上げたかった。だから覚悟を決めて試合に臨んでいた。中西学選手や天山選手のような大型のレスラーと、僕のようなヘビー級としては小柄なレスラーでは、小柄なレスラーのほうが受けるダメージははるかに大きい。単純に、体をぶつけあったり、投げられてマットに叩きつけられる衝撃は、体重や体格の大きさで違う。

僕ぐらいの体格でヘビー級で闘うのなら、そんなことは覚悟の上だ。ダメージが怖いなら軽い階級に落とせばいい。

プロレスラーはつねに「覚悟の量」を問われる。お客さんはそこを見ている。

僕の大好きなショーン・マイケルズは、晩年になっても場外に飛び、ものすごい受け身をバンバン見せた。「オレが試合を盛り上げるんだ！」という覚悟の量が他のレスラーとは桁違いなのだ。彼の愛称は「ショー・ストッパー」。ショーをストップする人、つまり日本で言う「真打ち」のことだ。

彼がメインイベントに出場すると、たちまち客の視線を釘づけにして、すべてを持って行ってしまう。

興行が終わったときに観客は、「ショーン・マイケルズがすごかったこと」だけしか覚えていない。彼が出てくると、それまでの試合の印象をすべて消し去ってしまう。

だから、カート・アングルに試合前、「日本のショーン・マイケルズ」と評されたとき、僕は嬉しさのあまり漏らしそうになったのだ。尊敬するアングルに大好きなショーン・マイケルズのようだと言われるなんて、こんな光栄なことはない。

膝の靭帯は4本が断裂したまま

1試合1試合を全力で闘うために、コンディションの維持は欠かせない。僕が細心の注意を払っているのは「古傷」だ。レスラーの宿命だけど、僕の膝も長年酷使してきてボロボロになっている。

右の半月板は2007年に手術して半分除去して、改めて2010年に診察してもらったら先生いわく「もう取るほども残ってない」。いつの間にかボロボロと欠けて、なくなってしまったようだ。

左右8本ある膝の靭帯はそのうちの4本、左の前十字靭帯、右の後十字靭帯、両方の内側側副靭帯が断裂したままだ。幸いというべきなのか、僕は靭帯が切れていたことに全然気づいていなかった。

2007年、全日本プロレスのチャンピオンカーニバルに参戦したときに、試合で膝をひどく痛めてしまった。そこでMRIを撮ってみたら医師は「靭帯が切れてますよ」と言う。しかも、切れた部分がすでに体内で吸収されていて「これは前の試合で切ったものじゃないよ」と指摘された。

そう言われて記憶をたどってみると、どうも2001年ぐらいに切れた可能性が高い。そのころから膝がカクン、カクンとなって、しっかりと踏ん張れなくなっていた。

「どうも膝が緩いな……」

テーピングをして試合に出続けていたけど、あのときに靭帯は切れていたのだ。

膝の靭帯は再建手術をする方法もあるけれど、それだと手術とリハビリで半年から1年は欠場しなければならなくなる。そこで僕がまず取り組んだのが減量で体を絞り込むことだった。

入門してからどんどん体を大きくして、ピーク時で体重は110キロまで達した。それだとさすがに動けないので、2006年ごろは100キロぐらいをキープしていた。しかし、膝を怪我してみて、「体が重すぎたな」と感じたし「体重が1キロ増えると膝に5キロの負担が増す」とも聞いて、それなら体を5キロ絞って、膝への負担を25キロ減らしたほうがいいと考えた。

また、僕らしく、なるべく筋肉量を減らさずに脂肪だけをそぎ落とし、「より美しい体になる」という付加価値を上乗せすることにした。

試合後の食事会も連日あったころで、ときには一晩で二つ掛け持ちをするような生活をしていたので、減量するのはなかなか大変だ。だけど、そこは「鉄の意志」で鶏のから揚げ（大好物）やフライドポテト（これも大好物）は一切口にせず、野菜スティックをボリボリ齧《かじ》りながら話を盛り上げるという荒行で体を90キロ台に絞り込んだ。

切れた靭帯はその周辺の筋肉、大腿四頭筋などを鍛えてカバー。あとは試合前に地方シリーズにも必ず帯同している新日本のトレーナーにがっちりとテーピングをやってもらう。

話は少し逸れるが――。

僕には内藤哲也の苦労がよくわかる。あいつは入門前に膝の靭帯を切っていて、2012年の試合中にまた切ってしまった。2013年に復帰してからも、心のどこかに必ず「また切れてしまったら……」という恐怖感があるだろう。だけど、そこを振り切って「怪我する前の内藤哲也」を超えられるかどうか。それが内藤のテーマだと僕は思う。

怪我は「恨みっこなし」がプロレスラーの矜持

プロレスラーに怪我はつきものだ。細心の注意を払っていても、試合だから怪我をしたり、怪我をさせたりは避けようがない。

選手同士には「そこは恨みっこなしにしよう」という暗黙の了解がある。プロレスラーという職業に就いている以上、体を痛めることは覚悟の上だ。そのぶん、ファイトマネーをもらっているし、普通の仕事に就いている人よりも自由な時間が多かったり、優遇されている部分があるのだから。

僕もこれまでに数えきれないぐらい怪我をした。打撲と捻挫と脳しんとうはしょっちゅう。骨折、靭帯断裂、肉離れ、眼窩《がんか》底《てい》骨折、半月板損傷……。

相手の技を食らって怪我をすることは日常茶飯事で、これまでに何度も負傷欠場をしてきた。もちろん、相手選手に「怪我をさせやがって！」と文句を言ったことはない。全身をぶつけ合い、ギリギリの攻防を繰り広げて盛り上げるためには、リスクがともなうのはしかたのないことだからだ。

ただ、怪我は「する」よりも「させる」ほうが比べものにならないぐらい辛い。

誰にでも生活があって、家族がある。僕にも家族があるように、相手選手にも守らなければいけない家族がいる。それはわかりすぎるほどわかっている。

僕は「自力で家に帰れるか」が一つの境界線だと考えている。相手選手に自力で家に帰れないような酷い怪我を負わせて、「病院送り」にしてしまったら、それをしたプロレスラーは「プロ失格」ということになるのだ。

互いの肉体をぶつけ合い、技を繰り出しながら、ギリギリのところで勝ち負けを競うのがプロレスだ。そこの境界線を踏み越えてしまい、相手に酷い怪我を負わせるぐらいなら、僕は自分が怪我をしたほうがいい。

怪我をしたほうが気持ちは楽だ。怪我をさせてしまうよりも……。

この葛藤はレスラーでなければわからない部分かもしれないが、プロレスラーはこんな思いを抱えてリングに上がっていることは理解しておいてほしいと思う。

プロレスのリングは戦場だ。

あらかじめ興行のスケジュールは決まっていて、それぞれの会場に、その日の大会を楽しみに待っているお客さんがいる。少々のことでキャンセルはできないし、してはいけない。万が一、誰かが怪我をして離脱してしまったら、その穴を何とか他の選手が埋めて、先へ先へと進んでいくしかないのだ。

新日本プロレスには真夏の最強決定戦「G1クライマックス」という人気シリーズがある。選び抜かれた実力者が集い、二つのリーグにわかれて総当たりでシングルマッチを闘い、勝ち点を競う。

連日、激しいシングルマッチを闘うのだから、あちこち怪我をしたり、古傷が悪化することもある。最終日が近づくにつれて、控え室はあちこちに負傷者がいて、出番ギリギリまで治療を続ける、さながら野戦病院と化していく。

それでも闘い続けて、完走しなければいけない。それが、シリーズ途中で無念の負傷リタイヤをしてしまった選手たちの思いに応えることにもなるのだ。

過酷すぎるほど過酷なシリーズだけど、大勢のファンがG1を楽しみにしている。だから、僕らレスラーは体を張り、全力で闘い抜く。G1を完走できる心技体がそろっているからこそ、新日本プロレスのトップレスラーといえるのだ。

風向きが変わった試合

僕をプロレスラーとして高く評価してくれたのは、日本よりも世界のほうがちょっと早かった。

僕は2011年から3年続けて有名なレスリング専門誌『レスリング・オブザーバー』で最優秀レスラーに選ばれている。ちなみに2011年の2位はWWEのスター、CMパンク、3位はジョン・シナだ。『パワースラム』というイギリスのレスリング雑誌でも2013年まで2年連続でナンバーワンだ。

昨年4月7日のオカダ・カズチカ戦（両国）と、2012年1・4東京ドームでの鈴木みのる戦（どちらもIWGPヘビー級選手権）は、『レスリング・オブザーバー』の年間ベストバウトにも選ばれている。

この鈴木みのる選手との試合は印象深い。鈴木さんとの勝負であり、同時に「過去のレスラー」たちとの闘いでもあった。新日本プロレスOBの髙田延彦さんに「仮面ライダーごっこ」だと批判されていて、「こういう闘い方もあるんだぞ」ということを見せなくてはいけない試合だったのだ。その試合が、日本の試合まで見ているコアな人たちの評価とはいえ、世界のベストバウトに選ばれたのは嬉しかった。

とはいえ、ここまで持ってくるのには時間がかかった。僕に対するブーイングが声援に変わっていくのは、本当に少しずつ、ゆっくりゆっくりと、だった。

試合中にブーイングが声援に変わっていくのを感じたのは2009年6月20日、大阪府立体育会館で、IWGPヘビー級王座を保持していた中西学さんに僕が挑戦したときだった。中西さんはその1か月半ほど前に僕からIWGPヘビー級王座を奪っていた。実に6度目の挑戦、デビュー17年目の初戴冠が話題になった。大阪はリターンマッチだった。

最初は中西さんを応援する大「中西コール」だった。これは予想通りだったが、試合が進むにつれて「ナカニシ」が「ナカハシ」に聞こえてきた。

「あれ、オレにきてるの？」

そう思っていたら、最終的に「タナハシコール」になった。試合中に客席の声援が変わっていくのを感じたのはこの試合がはじめてで、それ以降も経験はない。それまではどんなに激しい試合をして勝っても必ずブーイングが飛んで、悔しさを噛みしめていたけど、あの試合でブーイングが歓声に変わる快感を知った。

あの一瞬は、たまらないものがあった。あきらめず、コツコツとやり続けていると、風向きがパッと変わる瞬間があることを知った。「来た、来た、来た！」という驚きと興奮。あの瞬間のことはいまも忘れられない。

あの日、何がきっかけで変わったのかは、正直なところいまでもわからない。だから「こうしたから状況が変わったんだ」という説明はしようがない。だけど、一つはっきりしていることは、絶対にあきらめないで続けてきた、ということだ。目標を達成するためにいちばん大事な資質は「あきらめの悪さ」なのかもしれない。

「愛してま～す」誕生の瞬間

僕の決め台詞は知っての通り「愛してま～す!」だ。

プロレスのリングで堂々と愛を叫ぶレスラーなんて、とくに「ストロングスタイル」を掲げて闘う新日本プロレスでは異色も異色だ。

はじめてリング上で「愛してま～す」を叫んだのは、2006年7月17日の札幌の月寒グリーンドームでIWGPヘビー級王座を初戴冠したとき。

つまり、新日本プロレスがいちばんダメだったときだ。前に書いた通り、IWGPヘビー級王者だったブロック・レスナーにタイトルマッチをドタキャンされてしまった大会だ。僕は当時「ファンの方々がオレの目の前にいたら、土下座したい気持ちです。もし、本当にプロレスの神様がいるなら、一度でいいから助けてください」と話しているが、それは偽らざる思いだった。

結局、ＩＷＧＰヘビー級王座決定トーナメントを開催することになったのだが、チケットの払い戻しにも応じるという非常事態の中で開催された大会だった。

この日、僕はトーナメントの決勝でジャイアント・バーナードを破って、念願のＩＷＧＰヘビー級王者になった。

そうしたら、お客さんが立ち上がって、フェンスまで駆け寄って祝福してくれた。

その光景を見たときに感謝の気持ちがこみあげてきて、インタビューで言った。

「いまは新日本プロレス、こんな感じですけど、オレは新日本プロレスを愛してます」

「今日、集まってくれたファンのみなさん、愛してます」

いまのような絶叫調ではないが、これがいちばん最初で、だんだん叫ぶようになった。

「愛してます」は、なかなか日常では使わない言葉なので、試合のあとで僕と一緒に叫んで、お客さんにもすっきりしてもらえればと思っている。

プロレスラーのキャッチコピーや、名言・決め台詞は、作ろうとして作れるものではなくて、いろいろなシチュエーションの中でパッと出る「心からの言葉」なのだな、と思う。

僕が「100年に一人の逸材」になった理由

僕の、もともとのキャッチコピーは「太陽の天才児」だった。

テレビ朝日の人につけてもらったもので、陽性のキャラクターと、デビューしてわりと早くからメイン級のカードに抜擢されていたことから考案されたようだ。冷静に考えると「太陽」に「天才」と、すごい言葉をくっつけてしまったものだ……。

とくに「天才」という言葉には苦しめられた。「オレ、天才じゃねえな」という思いは当初からあった。新日本プロレスのレスラーの中では特筆すべき身体能力もなくて、どう考えても「天才」には違和感があった。

それで考えたのが「逸材」。同じような意味かもしれないけど「プロレスというジャンルにもっとも適した人材」という意味あいで自分でつけた。

「100年に一人の逸材」――。はじめて言ったときは思いっきりスベった。

2009年の1・4東京ドーム大会でのIWGPヘビー級選手権、その公開調印式を東京ドームに隣接するラクーアでおこなったときのことだ。僕は自信満々に自己紹介した。

「メインで天才（武藤敬司）に挑戦する、100年に一人の逸材、棚橋弘至です！」

その瞬間、それまで賑わっていた会場がサーっと凪《な》いだ。シーンと静まり返った会場に、遊園地のジェットコースターの「ゴー」という音が綺麗に響きわたった……。

「100年～」は仮面ライダーからもらったフレーズだ。仮面ライダーに「1000年に一人の天才」という登場人物がいたので、僕は控えめに（？）100年に一人にした。

このキャッチフレーズも言い続けた。最初は引かれても、あきらめずに、定着するまで継続することが大事だ。自己紹介をするときはもちろん、何かのVTRを撮るときも必ず「新日本プロレス、100年に一人の逸材～」と言い続けた。

そうはいっても、すべり続けるうちに自分でいたたまれなくなったことはある。それであるとき、「新日本プロレス、100年に一人の逸材、棚橋弘至です！」と言ったあと、つい小さく付け加えてしまった。

「……どーも」

その場の空気を何とかしたかったのだろう。「おい、なんで自分で100年に一人なんて言ってんだよ！」とツッコんでくれる芸人さんが隣りにいるわけでもなく、自分でフォローするしかなかったのだ。それで、さらにキツイ状況をつくってしまった。

それはさておき、僕のキャッチフレーズは自分を鼓舞する意味がある。

僕の方法論はまず大見得を切ってしまうこと。そうして自分を追い込んだら努力しないわけにはいかなくなる。

だから、講演では「とにかく目標を口にしてほしい」と訴えている。不言実行もいいけど「まず目標を公言して、自分を追い込んで、そうして達成したほうがカッコいいぜ！」と言っている。

それに、目標を口にすると「では、これからどういうことをすればいいか？」を自分でリアルに考えるようになる。その効果はばかにできないのだ。

お客さんの「印象に残る」ための試行錯誤

プロレスのテレビ中継が深夜の時間帯になって、いちばんマイナス面が大きいのは「知名度」だろう。ゴールデンタイム中継の恩恵を受けていない僕らは「まず名前を覚えてもらう」というところから始めた。これが本当に難しかった。

僕がそもそもエアギターをやりだしたのは「印象づけて、名前を覚えてもらいたい」と思ったからだ。はじめてプロレス会場にきた人は、大勢のレスラーが出場している大会で選手の名前をいちいち覚えられない。だけど、印象づけることならできる。

「今日、エアギターをやってた人がいたよ」

これが大事だ。人がやっていないことをやって、印象に残ることが大事なのだ。

試合で印象づけてしまうレスラーもいる。

プロレスの興行では、全然期待されていなかったアンダーカードからその日のベストバウトが生まれることもある。「なんだ、アンダーカードか」とモチベーションをなくして「それなり」の試合をするのではなく、「絶対に盛り上げてやる！」と闘志を燃やして試合をして、お客さんから「あの選手はすごかった」と声をあげさせるのだ。

いまの新日本プロレスでは、石井智宏選手はよくそんな試合をやっている。彼がアンダーカードに出るとむちゃくちゃ会場が盛り上がるので、控え室から見ていて「おいおい！」と思いながらも、僕らメインのカードに出る選手たちの闘志に火がつく。

「オレのほうがもっと盛り上げてやるぜ」

それが相乗効果を生み出して、結果的にお客さんを満足させて帰す、いい興行に仕上がっていくのだ。

会社でも、たとえば、全然期待されてない仕事で予想以上の成果をあげて会社に返す。そういうことを積み重ねると、自分への期待感が高まって、次の仕事につながると思う。

石井選手は、コアなファンの集まる後楽園ホールで人気がある。それには判官びいきというところもあるので、本来ベビーフェイス側の僕はあえて反則スレスレの攻撃を繰り出すヒールの闘い方をして、お客さんのブーイングを誘う。そうすれば、石井選手への声援はさらに大きくなって、後楽園ホールはもっと盛り上がる。レスラーは、そのときの会場の空気を感じながら、その場その場でどうふるまうか、パーフェクトな答えを出さなければいけないのだ。

選手がそれぞれ「オレがいちばん盛り上げてやる！」と競い合えば、もっとよい興行になるはずだ。僕はそう信じて一日一日やってきた。

僕が若手と一緒にトレーニングをするわけ

現在の新日本プロレスには競い合う空気がある。

たとえば、地方で一日オフがあると、みんなが自発的にゴールドジムや、各地方のなじみのジムに行ってトレーニングをしている。とにかく練習をする選手ばかりで、練習をしない選手は淘汰されてしまった感じだ。

昔から続いている道場の合同練習はいまもおこなっている。メンバーは若手中心で、ベテランの参加は任意だけど、僕はなるべくスケジュールを空けて練習に出るようにしている（練習を口実に外出できるというメリットもあるけど……）。

本来は自分ひとりでコンディションを整えられるのが理想だけど、僕はなるべく若手選手の中に入って、自分だけではつい「めんどくせえな～」と後回しにしがちな息上げも一緒にやることにしている。競い合う空気の中にいたほうが自分の限界を超えやすいのだ。

ウェイトトレーニングをやるときも、最近は若手とペアを組んでやるようにしている。ふだんはどうしても好きな種目に偏ってしまうので、「今日はオマエの種目をやらせてくれ！」と若手のやるメニューをやる。すると、僕にとっては新しい刺激になるし、若手のフォームを見てアドバイスをすることもできる。僕にとっては教えることで、自分のフォームの再確認にもなる。

若手には、いいと思ったところをすぐ言葉で伝える。

「オマエ、いいやり方してるね！」「いいフォームだね！」

僕がなるべく若手のいいところを見つけて、褒めるようにしているのは、自分自身の経験にもとづいている。

僕は若手のころから新日本の道場のウェイト器具では飽き足らず、ゴールドジムに通ってトレーニングをしていた。そこで偶然にも伝説のボディビルダー、マッスル北村さんにお会いした。まだ無名の若手選手に過ぎない僕を見て、北村さんは笑顔でこう言ってくれた。

「君は肩の形がいいね」

その言葉がすごく嬉しくて、それから肩のトレーニングをしまくった。あの言葉はいまでも覚えている。

肉体は個性だ。みんながみんな、僕みたいな体では面白くない。真壁刀義さんのような全部がデカい人もいれば、中邑真輔のようなしなやかな体もいい。若手には、自分のファイトスタイルに見合った体を作ることが大事だ、と説いている。

僕は毎年「年間300日以上トレーニングをする」という目標を掲げている。いま新日本プロレスは年間約130大会を開催していて、僕はさらに年に一度はメキシコにも遠征しているから、年間300日をクリアするために、会場入りの前にジムに行ったり、試合会場でトレーニングをしたりする。

新日本では昔からツアー中もトレーニングできるようにダンベルとベンチ台を持って移動して、試合会場の隅や控え室に置いてある。これを使えば、種目は限られるけど背中以外のトレーニングはだいたいできてしまう。

試合前にあまり重いウェイトをやって、筋肉を追い込んでしまうと試合で怪我をしやすくなるので、注意しながらトレーニングをする。絶えず鍛えているからこそ、見ている人を驚かせるスピードやパワーが出せるし、ハードな連戦にも耐えられる。筋肉の鎧《よろい》が自分の体を怪我から守ってくれるのだ。

地上波の力はやっぱり大きい

最近はテレビに出演する機会が増えてきた。

かつて、プロレスラーが出演するテレビといえば試合の中継番組だけだったけど、僕はクイズ番組やバラエティに呼んでいただくことが多い。

転機になったのは2008年。ウッチャンナンチャンや出川哲朗さんが所属しているマセキ芸能社にプロレスが好きな方がいて、「テレビ出演に関して協力しましょう」という申し出をいただいた。そこで提携というかたちになって、いちばん最初に出たのが『クイズ！　ヘキサゴンⅡ』。ここに何回か出演させてもらって、それから少しずつ他の番組にも出始めたけど、テレビがまた厳しい世界なのだ。

一つ目の壁は、視聴者が求める「プロレスラー像」に僕は一つも当てはまらない、ということだった。

わかりやすい「プロレスラー像」といえば、大食い、怖い、そして大きくてゴツい体。イカつい感じで出てきて芸人さんを引っぱたく、というのがお約束だ。でも、そういう役割がしっくりくるのは中西学選手や天山広吉選手、真壁選手、佐々木健介選手たちで、僕じゃない。

僕はその逆を行くしかない。「レスラーらしくないレスラー」として出ていって「あの人、筋肉がすごいけど、何をやっている人なんだろう?」でいいやと思った。そうしたらクイズ番組から声がかかるようになったのだ。ここで長州さんの「大学を卒業してから入門してこい」という命令が活きた。入門テストに受かって、そのまま大学3年で中退して入門していたら「立命館大卒」の肩書きでクイズ番組に出演することはできなかった。長州さん、ありがとうございました!

ちなみに、2013年の新日本プロレスの観客動員数がガッと上がった一因は、民放の人気番組にいいタイミングで露出したことも大きかったと思う。

2013年4月に草彅剛さんがプロレス実況に挑戦するスマップの番組があって、5月にプロレス大好き芸人の『アメトーーク』(僕とオカダ・カズチカ、中邑真輔がVTRで登場)、6月に『大改造!!　劇的ビフォーアフター』(新日本プロレス寮の大改装)があった。

とくに『ビフォーアフター』は、まるまる2時間、新日本プロレスという団体と、寮で頑張っている若手選手の好感度が上がる作りをしてくれた。新日本プロレスの寮は「プロレスラーを目指す若者たちが未来のスターを夢見て切磋琢磨する場所」で、歴代のスター選手はみんなここを通ってきた、という新日本プロレスの世界観を番組の中で丁寧に伝えてくれたので、これは大きなプラスになるな、と思った。

僕がしてきた「プロレスのイメージを変えていく作業」は間違いじゃなかったと思ったし、同時に、やはり地上波の力は大きいと実感した。

これについては後述（第8章）する。

生まれてから一度も疲れたことのない男

大きな転機となった2011年は嵐のように過ぎた。IWGPヘビー級王者として、大会のメインイベントに出場して、ほぼ毎月のように防衛戦をして、王者としての取材やプロモーションの機会もぐっと増えるので、まったく休みなく走り続けた。

オカダ・カズチカにIWGPヘビー級のベルトを奪われたり、奪い返したりした2012年も、IWGPヘビー級のタイトル戦線に絡んだのはたった一度だけだった2013年も、毎日スケジュールに追われて嵐のように過ぎていった。

僕が「オレは疲れたことがない！」とはじめて言ったのは2012年の1月4日の

東京ドームだった。ＩＷＧＰヘビー級王座に挑戦表明してきたオカダが、慇懃《いんぎん》無礼な口調で「棚橋さん、お疲れさまでした」と言ってきたので、とっさに切り返したのだ。

「悪いな。オレはな、疲れたことがないんだ」

ああいうシチュエーションは大事だ。オカダの「お疲れさまでした」という言葉が印象づけられるし、僕は自分の「疲れたことがない」という言葉をきっかけに、新たな「生まれてから一度も疲れたことのない男」像に乗っかれた。

観客動員が増えて、一般のメディアや地上波に出演することも多くなり、3年間ほぼ休みなしで突っ走ってきて、自分で自分を「オレは疲れたことがない！」と鼓舞しないと立ち上がれなくなったところも正直あったかもしれない。

だけど「もっと新日本を盛り上げたい」と願ってきて、ようやく盛り上がりを実感できるようになったのだから、忙しさなんて全然苦じゃない。

それに「疲れたことがない」という発言をしてから、僕がリングでマイクを持つと「棚橋はここで何を言うんだ？」「相手にあんなふうに言われて、棚橋はどう切り返すんだ？」という「期待感」をひしひしと感じるようになった。これが僕は本当に嬉しい。

プロレスラーにとって、お客さんの「期待感」ほど重要なものはない。人間、期待されると嬉しくなって、その期待に応えようと全力を振り絞る。その姿を見て、お客さんはさらに期待値を高める。それを感じてレスラーはさらにその上を行こうとする。レスラーとお客さんのあいだに好循環が生まれるのだ。

つねに「棚橋なら何かをやってくれるんじゃないか?」という期待感を高い位置でキープするには、まずプロレスラーとしていいコンディションを保ち続けることだ。そのうえで、誰に噛みつくのか、その試合にどんな意味あいを持たせるのか、しっかりと考えて、お客さんに「今度の試合は面白そうだ!」と期待を持たせなくてはいけない。

お客さんが「棚橋だったら!」と期待感を持ってくれるためには、過去の「棚橋の記憶」がとても大切だ。

「あのときもすごかったから、今度もすごいはずだ」

これは一般の会社でも同じことだと思う。

「あいつ、このあいだ、いい仕事してたよね」

まわりにそんな記憶が残れば、期待感は高まっていく。「じゃあ、今度何か大きい仕事を任せてみようか」

ところが、一瞬でも手を抜いてしまうと期待値は途端に下がってしまう。10あるうちの9を頑張っても、残りの1を抜いてしまうと、まわりは抜いた1を見るのだ。9がハイアベレージだと、余計にダメな1が目立つし、周囲にはその1のほうが記憶に残ってしまう。

だから一切手を抜かず、つねに全力で走り続けなくてはならない。これは本当に大変だ。ときには愚痴も言いたくなるし、体調の悪い日だってあるけど、そこでハードルを下げてしまうと全体を下げることになる。

「全力で振り切る」と決めたらどんな状況でも振り切る。それを続けると「棚橋ならいつも全力だ」という期待感につながる。いま思えば、ブーイングを受け続けていたころは、僕自身まだ振り切れていなかったのだろう。

だから、僕のモットーは「すべてに全力である」ということだ。

効率を考えたら、物事に優先順位をつけて片づけていくのがいちばんいいのだろう。でも、僕はあえて「優先順位はつけない。すべてが1位、すべてに全力」ということを大事にして、そのポリシーを貫いている。

もちろん、プロレスラーだからトレーニングと試合は圧倒的に大事だ。

でも、その他のこともすべてが大事だと思っている。試合後の食事会も、イベント出演も、プロモーションのためのメディア出演も、一般誌の取材も専門誌の取材も、すべて優先順位は「1位」。それがプロレスラーになってから、僕がずっと心がけていることだ。

すべてに全力。その姿勢を貫くことは、必ず自分に還ってくると信じている。

技術で丸め込み、気持ちで跳ぶ

僕は「丸め込みの3カウント」も、プロレスの醍醐味の一つだと思っている。

一時期、そればかりをやりすぎて、ブーイングの元凶になってしまった。ファンからすると、セコく勝ちを拾うのはやめて、もっとハツラツとした闘いをしろ、ということなのだ。

2004年前後だったと思うが、何かのイベントで「棚橋弘至のフィニッシュ率」という集計があって、「なんすかねえ? ドラゴンスープレックスっすかね～。ジャーマンっすかね～」と明るく話していたら、なんと「首固め」がダントツの1位だった。丸め込んでの首固め。

それで「丸め込みばかりもよくないな」と反省した。だけど、丸め込みの3カウントを狙い続けた経験はいまでも僕の貴重な引き出しになっている。

何しろ、どんな試合展開でも、どんな体勢からでも、僕には丸め込める技術がある。それは「最後の最後まで勝負をあきらめない」という気持ちの表れでもあるし、見ている側は「棚橋なら最後の最後に何かやってくれるんじゃないか」と期待感（不安感？）を持ってくれるのではないかと思う。

そもそも、僕のフィニッシュ技であるハイフライフローも「絶対に勝ちに行くんだ！」という気持ちを見せたい、という思いが根底にある。

あの技は下の選手に膝を立てられたり、転がって避けられたら終わりだ。コーナーから飛び上がり、加速をつけて落下して全身でプレスするので、膝を立てられたら仕掛けた僕がかなりのダメージを負うし、避けられてマットにダイブする羽目になると目も当てられない。

成功させて相手にダメージを与えるか、失敗して自分がダメージを負うか、ギリギリまでわからないのだ。

試合の終盤でどんなに足がフラついていても、ハイフライフローに行くときはトップロープを飛び越えてコーナーに駆け上がる姿を見せるので、見ている側もハラハラするだろう。そこで技が決まるか、決まらないかに手に汗を握ってほしい。

僕は「絶対に決めてやるぞ！」と確信して、思いきり跳ぶ。そこに僕の勝利への執念や、強い意志を感じてもらえたら幸いだ。

第7章
なぜ僕は新日本プロレスを変えられたのか

僕にとって
最大にして最強の敵は
「伝統」だったと思う。
ストロングスタイルの
呪縛だ。
もう神通力を
失っているのに
しがみついている人がいた。
だから僕は
「違うよ」と言ったのだ。

ストロングスタイルの呪縛、金曜夜8時の呪縛

「新日本プロレスって、ずいぶん変わりましたね」

ここ数年、よく言われる言葉だ。

僕は、そういうときに大見得を切る。

「ええ、新日本プロレスは変わりました。オレが変えました！」

数年ぶりに新日本プロレスを見た人たちによると、レスラーも客席の年齢層も若返り、全体的な雰囲気が明るくなった、と感じるそうだ。

僕もその変化を感じている。試合会場に子どもの姿が戻ってきて、女性の姿も目立つようになってきた。プロレスの「怖い、暗い、古くさい」というイメージを変えるためにずっと闘ってきて、やっと実を結んできているのかな、と思う。

僕にとって、最大にして最強の敵は「伝統」だったと思う。

はっきり言えば「ストロングスタイル」という呪縛だ。僕はこの言葉にずっと悩まされてきた。

以前『チーズはどこへ消えた？』（スペンサー・ジョンソン著）という本を読んだ。

もう10年以上前のベストセラーで、ＩＢＭやアップル・コンピュータ、メルセデス・ベンツなどのトップ企業が社員教育に採用していることでも話題になった本だ。

〈迷路の中に2匹のネズミと2人のこびとが住んでいる。彼らは迷路をさまよった末、チーズを発見する。ところがある日、そのチーズが消えてしまった。ネズミたちは、すぐさま新しいチーズを探しに飛び出していくが、こびとたちは「チーズが戻ってくるかもしれない」と期待をかけて、いつまでも動かない……〉

知らないあいだにチーズを食べ尽くしてしまったのに、いつまでも「チーズはどこにいった?」と探している。「チーズはずっとあるもの」と思い込んでいるから、次の一歩が踏み出せない……。

新日本プロレスのことじゃないか、と僕は思った。

かつて、アントニオ猪木さんがストロングスタイルを掲げて、ときには他の格闘技との異種格闘技戦にも臨んで、新日本プロレスというブランドを確立した。そして、その闘いは金曜夜8時のゴールデンタイムで中継されていた『ワールドプロレスリング』を通して日本全国に広まり、お茶の間を熱狂させた。

だけど、時代は変わった。猪木さんが現役を引退するタイミングに合わせるかのように格闘技ブームが巻き起こった。これまでストロングスタイルを掲げて「いつ、なんどき、誰の挑戦でも受ける」と言い続けてきた新日本プロレスは、プロレスラーを総合格闘技に出場させなければならない流れとなった。

不慣れなルールのリングに、ろくに準備する時間も与えられずに挑戦した結果、新日本プロレスのブランドイメージは傷つき、ビジネスも少しずつ下がり出して、やがて誰の目にも低迷がはっきりとわかるまでになった。

ビジネスが下がっているのなら、そこから離れて新しいものを求めるべきだ。

でも、みんなストロングスタイルから離れられなかった。いつまでも「チーズ」がそこにあると思い込み、「もうチーズはない」という現実を直視する勇気がなかったのだろうか。

あるいは「新日本の伝統的なスタイルを守ってさえいれば大丈夫なんだ」という思い込みと慢心があって、ビジネスが落ちていることにすら気づいていなかったのか。

そこには、つねに言い訳が用意されていた。

「昔はテレビ放送がゴールデンタイムだったから。いまもゴールデンタイムに戻れば……」

視聴率がとれなくなってゴールデンタイムから外れたのに、さらに低迷してしまった現実を見れば、それが不可能なのはわかるはずだ。

思えば、闘魂三銃士（武藤敬司、蝶野正洋、橋本真也）はテレビ中継が夕方や深夜に移ってからブームになった。だから当時は「中継が深夜になっても変わらない」と思ってしまったのだろう。でも、そこには僕の唱える「遅れてくる」法則（人気の上り下がりは、実際の動きと、目に見えてわかるようになるまでに少しタイムラグが生じる）がある。

ゴールデンタイムのテレビ放送がある時代に「みんながプロレスを知っている」という土壌はすでにできあがっていて、そこに「三銃士ブーム」が到来したのだ。テレビ放送が深夜帯になっても熱心なファンは変わらず見てくれる。何が変わるのかといえば「新しいファンが生まれにくくなる」ということなのだ。僕のように「たまたま試合を目にして、ファンになってしまう」という人がいなくなる。とくに、子どもが「プロレスって面白い！」と目を輝かせてくれるチャンスが、深夜になると減ってしまう。

三銃士ブームは「それ以前からプロレスを知っていた人たち」によって支えられた。

だから、ブームが終わったときは「その次」を支えるプロレスラーも、新しいファンも育っていなくて、ビジネスは少しずつ落ちていく。

かつて「金曜夜8時にテレビ中継があった」という記憶は、新日本プロレスという会社をダメにしていたのではないかと僕は思う。

ゴールデンタイム放送の時代は、放映権料だけで5億円というお金が会社に入ってきて、注目のタイトルマッチやビッグマッチともなれば、テレビ局が宣伝してくれた。

それが当たり前になっていた時代があまりに長くて、テレビ放送が深夜に移ってからもなかなか「昔のよかった時代」から抜け出せなかったのだ。

僕が新日本プロレスに入門した1999年、すでにビジネスは下がり始めていた。だけど、長く会社にいる人たちは「よかった時代の記憶」が忘れられず、時代の変化に対応しようとしていなかった。

よく言われたものだ。

「昔は地上波のゴールデンタイムで放送していて、いい時代だった。いまはテレビが深夜になったから……」

だから「あきらめろ」とでも言うのか？

ゴールデンタイムの恩恵を一切受けていない僕は「昔はよかった」「いまは時代が悪い」という言葉に納得できず、激しく反発した。いまだにストロングスタイルという「チーズ」を探している会社を変えなければいけない、と決意したのだ。

猪木さんとのストロングスタイル問答

僕は「プロレスはファンを選んではいけない」と思っている。それはメキシコに行って、生でルチャリブレ（スペイン語で「自由な闘い」という意味。メキシカンプロレスのこと）を体感して学んだことだ。

ルチャはお年寄りから子どもまで楽しめて、熱狂できる。マスクマンが場外を飛び、熱狂したおばあさんがルード（ヒール）をものすごく汚い言葉でののしり、会場の中を走り回っていた子どもは、試合のヤマ場になると目を輝かせて歓声と拍手を送っていた。

「プロレスは大衆娯楽なんだ。これがプロレスの原風景なのだ」

つくづく「プロレスラーはお客さんを選んではいけない」と感じた。

僕らは頑固おやじの名店ではないし、そうなってはいけない。お客さんに向かって「ウチの味はこうだよ！　こうやって食えよ」と強制するのではなくて、みんなが楽しめなくてはダメなのだ。

だけど、日本に戻ってみると、「ウチはストロングスタイルだ！」と以前と同じようにやっている。血へドを吐くぐらいに殴り合ったり、顔面を蹴り上げたり、リング外でもゴタゴタと揉めて、その影響でタイトルマッチがスッキリとしない終わり方をして、お客さんをモヤモヤした気分で帰してしまう。

そんなプロレスを見た人が「またこよう」と思うだろうか？

はじめてプロレスを見る人は、どう楽しんだらいいのだろうか？

そう思って会場を見渡してみると、かつてあんなに大勢いた子どもたちの姿が消えていて、女性客の姿は本当に少なくなっていた。

だから、僕はいちばん最初にストロングスタイルを捨てることを決めた。「ストロングスタイルはただの文字だよ。呪いだよ」とあえて発言した。

2007年ごろ、僕は「猪木さんはもういないから、そろそろ取っていいんじゃないですか？」と言って、道場の正面に飾ってあった新日本プロレス創始者、アントニオ猪木さんの特大パネルを外してしまった（一般的には「棚橋が外した」ということになっているけど、実際に外したのは道場を管理されている小林邦昭さんだ）。

僕の言動に対して、ＯＢや古くからのファンのあいだで激しい批判が巻き起こった。

「ストロングスタイルを捨てるとはなにごとだ」

「棚橋はストロングスタイルじゃない」

僕はこう聞き返した。

「じゃあ、ストロングスタイルって何ですか？」

僕の問いに、明確に答えられる人はいなかった。

少し前、雑誌の対談でお会いしたときに、僕は猪木さんに直接聞いてみた。

「ストロングスタイルって何ですか？」

猪木さんはこう言った。

「あれはまわりが勝手に言い出したんだよ」

僕は「そういうもんスよねえ」と相槌を打った。

プロレスは「イメージ産業」というところがある。猪木さんは「ストロングスタイル」という看板を掲げて、あれだけのブームを巻き起こし、大量の「猪木信者」を生み出した。僕も、僕の父親も、猪木さんが大好きだ。

だからストロングスタイルという看板は、猪木さんが持っていってくれればよかったのではないか、といまにして思う。

ストロングスタイルという言葉を使って「新日本プロレス最強」というイメージを強く打ち出して、それが爆発的な人気を生んだのは事実だ。だけど、猪木さんの作ったストロングスタイルの神通力が消えてしまっても、まだそこにしがみついている人たちがいた。だから、僕は「違うよ」と言ったのだ。

その対談の席で、猪木さんはこうも言った。

「オマエら、オレが作ったパイをいつまで取り合っているんだ！」

すかさず僕は猪木さんに言った。

「僕が新しいパイを持ってきます！」

猪木さんはニッコリと笑った。

「お、いいね。早く先輩たちを引退させてやってくれ！」

とても失礼な言い方になってしまうが、猪木さんの下の世代の人たちは猪木さんの作ったパイ（ファン）を取り合っていただけで、新しいパイを生み出す作業をあまりしてこなかった、という見方はできると思う。

その点、僕らいまの新日本プロレスのレスラーは、新しいファンを獲得するために死にもの狂いで頑張って、先輩たちができなかったことをしているという自負がある。

たとえば、いまの新日本プロレスの会場は子どもたちの姿が目立つようになった。僕と同世代の、昔プロレスを見ていた親たちが、自分の子どもが小中学生になって少し落ち着いてきて、生活にも時間にもちょっと余裕が出てきて「久々にプロレスを見にいってみようか」と子ども連れできてくれているのだ。

だけど、子どもをプロレス会場に連れてきて、残酷な流血試合や後味の悪い遺恨試合を見せられたらどう思うだろうか？　僕も2人の子どもの親として「こういう場所に子どもを連れてくるのは教育上よくない。もう連れてくるのはやめよう」と考えると思う。

僕らは、子どもも女性も楽しめて、興奮できて、熱狂できて、満足感を得てもらって「またこようね！」と家路についてもらえる新しい時代のプロレスを作りあげたという自負がある。

そのキーワードが「脱ストロングスタイル」なのだ。

プロレスの醍醐味は「藤波辰爾スタイル」

第4章で触れたように、僕はとにかく技をたくさん出して盛り上げようとする「プロレスのファストフード化」に逆らって、U-30王者のころから、試合の中で起承転結のあるスタイルの試合をやってもののみごとに浮きまくっていた。

新日本プロレスの流れにも逆らった。黒のコスチュームを身に着けて、パワーを誇示すべくラリアットを打ちまくり、相手をなぎ倒すというスタイルは拒否した。

僕の理想は、技の数を絞った「引き算のプロレス」だ。その手本は、藤波辰爾さんやリック・フレアーだ（「引き算のプロレス」ということで言うなら、猪木さんのプロレスもじつはそうだ）。

とくに藤波さんのプロレスに傾倒した。

僕がプロレスファンだったころ、長州対藤波なら長州派が大多数だったけれど、僕は藤波派だった。藤波さんは「元祖イケメンレスラー」だ。若くて、腹筋の割れたカッコいい体で、動きが速くて技が美しい。ひねりの利いた綺麗なドロップキックに魅了された。

2000年ごろに格闘技ブームが起こると、みんながこぞって「猪木さん、猪木さん！」と言うようになった。総合格闘技の選手や新日本プロレスのレスラーも、みんなが猪木さんに近づいているように僕の目には映った。

だから、僕はジャイアント馬場さんのかつての名言「みんなが格闘技に走るので、私、プロレスを独占させてもらいます」をちょっともじって、「みんながアントニオ猪木さんに走るので、僕は藤波さんを独占させていただきます」と言った。G1の公開練習では藤波さんの指導を受けることを希望したら、藤波さんも快く引き受けてくれた。

ひたすら攻めて攻めまくって、「どうだ、オレの強さを見ろ！」とやりたがるプロレスラーが大勢を占める中、藤波さんはベイダーなど超大型レスラーとも真正面からぶつかり、吹き飛ばされながら相手のよさを引き出し、自分のテクニックを駆使して切り返すスタイルだった。

「小よく大を制する」はプロレスの醍醐味。とくに日本ではそうだと思う。僕は「名勝負製造機」と言われた藤波さんのスタイルを追求してきた。

もちろん、みんながみんな、このスタイルにする必要はない。プロレスにはいろいろなスタイル、いろいろな個性があっていいのだ。その幅の広さもプロレスが持つ魅力の一つなのだから。だいいち「みんなが藤波スタイルにすべき」では、僕が否定した「新日本＝ストロングスタイル」と同じことになってしまう。

趣味趣向の多様化、細分化が言われる現代で、新日本プロレスが生き残り、発展していくためには、いろいろなニーズに応えられるように、多彩なプロレスをそろえていく必要があるのは当然だ。その中で僕は「藤波辰爾スタイル」を継承して闘っている、ということなのだ。

「ファン目線」があるからできること

僕が「変えなければいけない」と思ったのは、当たり前のことばかりだった。

レストランだって、値段以上にボリュームがあったり、値段以上に美味しいものが食べられたら、「また行こう」と思う。

それと同じで、チケット代以上の満足感が得られる興行を見せられれば「また行きたい」と思ってもらえる。満足した記憶がリピーターにつながり、口コミで広がる。

「このあいだ新日本に行ったら、すっげえ面白かったよ。今度行こうよ」と友だちを誘って連れてきてくれたら、500人が1000人になる。

そういうことを期待していたから、地方の会場でもつねに全力で試合をして、会場を盛り上げて、試合が終わるとファンサービスに励んだ。

僕は「ファン上がり」のプロレスラーだ。プロレスファンだった時代は、会場に通いつめて数多くの試合を生で観戦してきた。

新日本プロレスに入門したころ、先輩からこう言われた。

「プロになったんだから、ファン目線は捨てろよ」

たしかに職業になったら「好き」だけではやっていけない部分がある。だけど、僕は「ファン目線」を持ち続けて、それを上手く活かしてきた。僕は「ファン時代にレスラーにしてもらって嬉しかったこと」をやり続けている。

ファンのころ、握手してくれたりサインしてくれた選手のことはいまだに覚えている。だから、僕とハイタッチした人はきっと覚えてくれていて、「また行こう」「棚橋を応援しよう」と思ってくれるはず。

だから、メインに出て勝利で興行を締めたときは、会場にきてくれた人に感謝を込めて、リングの外を1周してハイタッチをしたり、女性とはハグをして、お子さんは抱き上げて一緒にポーズをして写真を撮ることを恒例にした。

ただ、これができるのは「メインに出て、勝ったときだけ」と決めているので、僕はいつもベルトを持っていたいのだ。ちゃんとファンサービスをして、お客さんに「新日本にきてよかったな」と思って帰ってもらいたいからだ。

地方大会に行くと、バスの出発時間ギリギリまでサインを書く。場所によっては、「ごめ〜ん、また今度!」が1年後になってしまうからだ。それでトイレに行くタイミングを逃して、僕はよくバスの中で尿意と闘っているのだけど、喜んでくれる人がいるのだから僕は全力でサインをする。

食事会の席でも、サインと写真は全員のリクエストに応えるようにしている。ご飯を一口も食べず、ずっとサインを書き続けたこともある。でも、それを苦に感じたことはない。「僕がファンならサインも写真も欲しい」と思うからだ。

若手のころから、10年以上訴え続けていることがある。

「会場にきてくれる子どもたちを大事にしよう。ファンになってくれたら、ずっとファンでいてくれる」

それも、ただサインをしたり、写真を一緒に撮るだけではいけない。

自分の子どもと接していて気づいたことだが、小さいころの記憶というものは、細かいところは覚えていなくても「楽しかったか、そうではないか」の印象は強く残ってしまうものだ。だから、僕は小さい子どもとの接し方には細心の注意を払っている。もし「プロレスラーって大きくて怖かった〜」という印象が残ってしまうと、そのままプロレスから遠ざかってしまう可能性が高いのだ。

幸い、僕はこういう見てくれで全然怖さというものはないので、なるべく優しく話しかけたり、抱き上げて一緒にポーズをとって写真を撮ったりして「プロレスは楽しい」という記憶がその子に残るように注意深く接してきた。

おかげさまで、子どものファンはとても多い。

プロレスの入口にいる「心優しき青鬼」

僕はプロレスの「入口」になろうと考えてきた。

棚橋弘至という存在を入口にして、新日本プロレスのリングを一度見てもらえれば、いまはいろいろな個性のレスラーがそろっているから、きっとお気に入りの選手を見つけてもらえる。

プロレスは流血のイメージが根強い。とくに女性にはそうだ。このイメージにはいつも苦戦してきたけど、僕を入口にしてもらえれば、プロレス会場に足を運ぶための「最初の壁」が少しは乗り越えやすくなるのではないだろうか。

一方で男性ファンを魅了するのは「男くささ」だ。これは僕にはないものだけど、新日本プロレスには真壁刀義さんや後藤洋央紀など、「男くささ」担当はそろっているので、そちらを見てほしい。

最近は、棚橋を入口にしてプロレスを見るようになったのに、最終的にオカダや中邑に流れていくというパターンがとても多い（とくに女性ファン）。それでもいい。それも僕の役目なのだと割りきっている。これも僕が大好きな「自己犠牲」の精神だ……。

プロレス自体、究極の自己犠牲の世界なのだ。相手の技を食らい、自分の体を痛めながら相手を光らせて試合を盛り上げる。そのうえで、最後まで勝負への執念を捨てずに全力を尽くして、最後は自分も光る。それが僕の生き方にもなっている。

昔から「泣いた赤鬼」という話が好きだった。

〈赤鬼が村人と仲良くなりたくて青鬼に相談したら、青鬼が一計を案じてくれる。青鬼が村で暴れ、赤鬼が村人を救うことで、赤鬼と村人は仲良くなる。青鬼は去り、赤鬼は犠牲になってくれた青鬼のことを思って泣く――〉

僕は仲間のために自分を犠牲にした青鬼にすごく魅かれた。誰かのために、何かをしたときに感じるカタルシス。これはどんな仕事、どんな会社にも当てはまることかもしれない。

人を活かすことで自分も活きる。組織の中にいると、損な役回りばかりを押しつけられる人もいるかもしれない。だけど、嫌だと拒否すれば組織は成り立たないし、誰かがやらなければならないことなら他人に押しつけるのではなくて、自分から進んでやるほうがいい。

そこは思考の転換で、自己犠牲を払ってでも何かに貢献できたことに充実感を感じられるようになると、それは「損な役回り、犠牲者」ではなく「やりがいのある仕事」に変わるのだ。

ただ、僕の場合は新日本プロレスに救ってもらった恩義があるので、他人の目には「損な役回りばかりしている」と映っていても、僕自身がそうは感じていないところもあるかもしれない。

終身雇用が崩れた日本の会社でどこまで自己犠牲ができるか、という問題はあると思うけど、僕の経験で言えば、自分が損をして、そのことで他の誰かの評価がガッと上がっても、必ずどこかに見ていてくれる人はいるものだ。それは身近な誰かかもしれないし、取引先かもしれない。

目先の利益は得られなくても、将来的なリスペクトにつながることもある。「あのときはあいつ、頑張っていたよな。じゃあチャンスをあげよう」というときがきっとくると僕は思う。

プロレスラーはなぜ危険技に走るようになったのか

「女性も子どもも楽しめるプロレス」とは何かを考えたとき、問題になるのは「危険技」の応酬だ。

僕はかねてから「プロレスは3カウントを取り合う競技で、危険な技の連続で盛り上げる『気絶大会』ではない」と主張してきた。

他団体に参戦したときに、エプロンでの危険な攻防だったり、場外での垂直落下だったり、同業の立場から見ても「ここまでやってしまったら危険すぎる!」と感じる危険技の応酬で試合を盛り上げていたことが気になって、僕はそれ以来、機会あるごとに警鐘を鳴らしてきた。

プロレスラーが危険技に走ると、ファンも少々のことでは興奮しなくなる。普通の攻防では試合がまったく盛り上がらなくなって、選手は「より危険な技」に走る。やるほうだけではなく、見るほうも感覚がマヒしてしまって、ファンがレスラーを追いつめる部分もある。

危険な技の応酬はエスカレートするものなのだ。

グーで殴り合って血ヘドを吐いたり、受け身のとれないスープレックスで頭から落としたり、そうした出口のない危険技のスパイラルには、どこかで歯止めをかけなければいけない。

そういう試合はベビーフェイス（善玉）同士というカードが多く、テーマの見えない試合を盛り上げようとして危険技を繰り出す以外になくなったり、総合格闘技が台頭してきた時期には、「プロレスは総合格闘技に負けていない！」ということをアピールするために危険な技に走った面もあったと思う。

だがプロレスは、本来、もっと違う部分で盛り上げられるのだ。

お客さんの目線に立てば、シングルマッチを闘う2人が同じ黒のコスチュームで、同じ黒髪で、同じようにアピールしていては、どちらを応援していいのかがわからない。はじめて見る人にはわかりにくい、不親切なカードなのだ。

だけど、たとえば新日本プロレスで僕と矢野通や飯塚高史さんの試合が組まれると、どこの会場でも反応がものすごくいい。パッと見て、僕は善玉、相手は見るからに悪いヤツとわかる。見た目のわかりやすさはすごく大事だし、プロレスはそういうところを大切にしなくてはいけない。

僕は「それ、知ってるよ」と言われても繰り返す

僕はどんなときも（プロレスファンに向けて何かを言っているように見えても）、「全員がはじめてプロレスを見る人だ」と思って話している。

知っている人には「それは知ってるよ」となるだろうけど、知らない人は僕の説明で「ああ、そうなんだ」とはじめて知る。「みんなが知っているわけではないんだ。みんなは知らないんだ」と気づいて、発想の転換をした。

かつては、いま誰と誰が争い、誰と誰が味方で、このタイトルマッチまでにどうい

う流れがあって、因縁があって、前哨戦はこういう結果で……と、新日本プロレスに関する膨大な情報は地上波のゴールデンタイムで発信されて、「みんながわかっている」ことが前提だった。

だけど、いまは「自分から好んでプロレスを見る人」以外には、ほとんどプロレスの情報は届いていない。昔とは圧倒的に情報の発信力が違うのだ。それなのに、レスラーの側は「いい試合、激しい試合をすればまた人気は復活する」と思い、「なんでこんなに激しい試合をしているのに、世間はわかってくれないんだ?」というジレンマを抱えていた。プロレス村にいて、情報を知っている人同士で話しているとそんな感覚になってしまうのかもしれない。

世間に何も届いていないのだから、まず僕らは基本的な情報から伝えなければならない。

なぜこの2人が闘わなければならないのか?

2人はどういう気持ちで試合に臨むのか?

この試合にはどんな意味があるのか?

そうした情報をあらゆる媒体を使って、発信して、伝える。「ホームページに載せたから、わかっているだろう」はダメだ。それではごく少数にしか伝わっていない。僕はそういう「情報の伝わりにくさ」をイヤというほど味わってきた。

これまで、僕はツイッターやブログで繰り返し「仮面ライダーが好きだ」と言い続けてきたのに、いまだに「棚橋さんは仮面ライダーが好きなんですか？」という質問がくる。そのたびに「仮面ライダーカブトが好きだよ」と答えても、しばらくすると「仮面ライダーの中で誰が好きなんですか？」とくる。

情報は「伝わらないもの」と思って発信する。「それ、知ってるよ」と言われてもいい。ほとんどの人は知らないのだから、重複してもいい。とにかく繰り返し伝える作業をしなくてはいけない。

これはプロレスに限ったことではないと思う。いまはみんながブログをやっている。「これはブログに書いたから」というのは、「1回発信したら知られているはず」という錯覚に陥っているのだ。ツイッターはタイムラインがどんどん流れる。ブログも長く続けていると過去記事が膨大になる。1回載ったぐらいでは情報は世間に浸透しない。

だから、たとえば「学校の裏サイトに悪口を書き込まれて苦しんでいる子どもたちがいる」という記事を読んだりすると、嫌がらせを受けた子に、「ネットに載っても、みんなが知ることはないよ」と言ってあげたくなる。

余談だけど、僕は自分のことをネットで調べたりはしない。若いころは気になって掲示板をチェックすることもあったけれど、だんだん「良く言われることはないんだな」とわかってきて見なくなった。

僕はシリーズの前に必ず「今シリーズのテーマ」を考える

プロレスには「テーマ」が大事だ。何のテーマもなく、漠然と試合をしていても、お客さんには何も伝わらない。

僕はシリーズが始まる前に、いつも自分の「シリーズを通した今回のテーマ」を考える。そして、1試合1試合に意味を見つける。

「なぜいま、この相手と闘わなくてはいけないのか？」という「闘いのテーマ」をしっかりと考え、それを見ている人にわかりやすく伝えることが大事だ。

個々の選手が抱えるテーマと、闘いの背景を見る人にうまく伝えられたら、見ている人は思い入れを持って「この試合はどうなるんだろう？」と試合に没頭できる。プロレスはシチュエーションなのだ。

2012年から始まった僕とオカダ・カズチカの試合がいい例だ。

僕には「新日本を盛り上げて、IWGPヘビー級王座の価値を高めてきた。エースの座は渡さない」という意地とプライドがあり、オカダには「新しい時代を築く」という野望がある。年齢も体格も使う技も違う僕らは、リング上でただ睨み合うだけで盛り上がった。

これがもし、「いい選手同士が必死で闘います」というだけでは、生身の選手による「ドラゴンボール」の世界になってしまう。もっとハードな技を、さらに大きなダメージを、と試合の危険度がエスカレートしていく。その結果、酷い怪我をさせたり、後遺症が残ったり、選手が自分で自分の首を絞めてしまうことになる。

見ている側も、技が危険になればなるほど熱狂するのかといえばそうではなくて、一握りのファンを除けば、あまりのエグさに引いてしまう。

「プロレスは恐ろしい」

そんなイメージだけが残っては、何のために試合をするのかわからなくなる。プロレスはシチュエーションが大事なのだ。選手の側が「闘いのテーマ」を考え抜くことなしには伝わる試合は生まれない。

僕は長州体制下では異色の「若手論客」だった

現役レスラーの中で、僕ほど自分の意見を発信し続けている選手はいないのではないかと思う。

『週刊ファイト』では休刊になるまで100回、毎週連載コラムを書き続けた。『週刊プロレス』の連載「ドラゴンノート」はいまも続く長寿連載だし、新日本のオフィシャル携帯サイトでもずっと連載を持っていて、そのうえ、ブログとツイッターとポッドキャストをコンスタントに更新してもいる。さらに雑誌のインタビュー取材はオファーがあれば必ず受けるし、ときには自分で「こんな企画はどうですか?」と売り込んで実現させることもある。

メディアから声を掛けてもらうようになったきっかけは『週刊プロレス』だった。デビューしてすぐのころに単独インタビューを受けたのだ。じつは、これは当時の新日本プロレスの長州体制からすると異例中の異例のできごとだった。

長州さんが「現場監督」として全所属レスラーに目を光らせているころは、トップレスラーであっても勝手な発言は許されなかった。まして、デビューしたばかりの若手が好き勝手に話すなんて考えられなかった。

それなのに、僕は長州さんから何も言われなかったので「ここは思いきって前に出よう！」と決めて、インタビューで自分の考えていることを率直に話した。

「オレは藤波さんが好きで、クラシックなスタイルを求めていて、そんなプロレスをやっていきたいです！」

それが誌面に載ると「おかしな新人がいるな」と記者の人たちのアンテナに引っかかり、他誌からもインタビュー依頼がくるようになり、そのうち連載も始まって「新日本プロレスの若き論客」として討論番組に出演できた。

東スポ1面を中邑との「若手対談」で飾ったこともある。僕が自信満々に言った意見を中邑が言ったそばから全否定するという、ちょっと面白い対談だった。

ずっと「後攻（中邑）は有利だな～」と思いながらも、僕が3年先輩なのでどうしても口火を切る役割になって、中邑は後輩だけど一切遠慮なしに僕の言ったことをぶった切る。それはそれで面白かったと思う。

僕は言うことは言って、まわりの意見やアドバイスは聞かないほうだが、周囲の反応を見て「あの意見はちょっと違ったかな」と思うと微調整をしてみたりはする。

いま改めて『週刊ファイト』に連載していた「北風と太陽」を読み返すと「僕の言っていることは全然変わっていないな」と思う。ただ、いかんせん『週刊ファイト』は読んでいる人がディープなプロレスファンで、僕の主張は全然世の中には行きわたらなかった。

だけど、当時からたとえどんなに打っても響かない状況だろうと、僕は打ち続けなければいけないなと思っていた。

プロレスはファンに応援されないと成り立たないジャンルだ。なので、たとえ時流に乗っていなくてもつねに言うべきことは言い続けて、そのうちにファンの誰かが共感してくれるのを待つしかない。当時は「1人でも共感してくれる人がいたらいいな」と思いながら、専門誌や携帯サイトからファンに向かって発信し続けた。どこかで援軍が現れてくれるかもしれない、と思いながら。

自分のプロレス観についても、一度言ったから終わりというわけではなくて、デビューしてから15年間、繰り返し同じようなことを言い続けてきた。どこかで僕の意見を目にして、共感して、「棚橋に乗れるな」と思ってくれる人がいたかもしれない。

会場に1万人のお客さんがいて、みんながみんな僕のファンじゃなくてもいい。たった1人でもリングサイドで「棚橋！」と応援してくれる人がいたら、僕はその1人のために全力で闘うことができる。

筋肉否定論は努力しない言い訳だ

最近の新日本プロレスに女性ファンが増えたのは「プロレスラーのイメージが変わった」ということが要因としてあると思う。

若くて、イケメンで、カッコいい体をしているファイターといえば、少し前まで格闘家だった。

たとえば、ウチの嫁さんはずっと「魔裟斗、魔裟斗」だった。K‐1の放送があるときにウチにいると「魔裟斗見えへんからどいて！」と言われるほど、魔裟斗選手の試合は本当に熱心に見ていた。K‐1の会場は若い女性ファンが目立ち、女子中高生の姿もあったというのもよくわかる。

格闘技を見に行くことが「オシャレ」というイメージになったころ、プロレスは「ダサい。古くさい。おっさんがやっている」と思われていた。そんなイメージになった原因の一つには、プロレス界に根強い「ウェイトトレーニング否定論」があったと僕は思う。

魔裟斗選手をはじめ若い格闘家は、ウェイトトレーニングで体を作り、引き締まった筋肉と割れた腹筋で女性ファンを魅了していた。なのに、プロレス界はといえばずっと「筋肉」を否定していたのだ。

「ボディビル（ウェイトトレーニング）で作った筋肉はダメだ」

「レスラーは相手の攻撃を受けるために、体に脂肪がなければいけない」

これは明らかに間違っている。

ウェイトトレーニングは選手の身体能力を上げ、正しい方法論で体を作っていけば選手寿命も確実に伸びる。プロレスのように体を酷使する競技の場合は、しっかりと筋肉をつけておけば、ダメージも抑えられるし、回復も早くなる。

自分の身を守るためにも、プロレスラーは肉体と体作りについての知識を持っていなければいけないはずなのに、「作った筋肉はダメ」という先入観でプロレス界は長いあいだ止まっていたのだ。

僕は、筋肉を否定する人には「ボディビルダーぐらい筋肉をつけてから言ってくれ」と言いたい。筋肉をつけてみて「やっぱりプロレスにはいらない」という結論になるならまだわかる。だけど、多くのアスリートが実践していることを頭ごなしに否定するのはおかしい。挑戦してみて判断すればいいのだ。

そもそも、新日本プロレスでは猪木さんの時代からウェイトトレーニングに取り組んでいた。猪木さんも藤波さんもみごとな筋肉を持っていた。

とくに、藤波さんがアメリカから凱旋帰国した1978年当時はマッチョボディで女性ファンを魅了し、子どもたちは「ヒーロー」を見る目で若き藤波さんに憧れた。従来、プロレスに関心のなかった女性層からも絶大な支持を受けて「ドラゴンブーム」を起こしたのだ。

日本のプロレス界で「ボディビルダーみたいな体」という言葉が嘲笑的に使われるようになったのは、1980年代にブームを巻き起こしたロードウォリアーズが原因かもしれない。「見てくれ」はよかったけど、レスリングは固くて、とくに長い試合になると見ていて退屈だった。

そうして、いつの間にか、お腹のまわりにたっぷり肉のついたプロレスラーが目立つようになり、かつての藤波さんのような「イケメンでマッチョボディ」の選手は影をひそめた。プロレスのリングに上がっているのは「おじさんたちばかり」というイメージになってしまった。

試合をするうえで、体重があったほうがいいことはたしかだ。小柄で軽量だと試合で受けるダメージはものすごく大きい。でも、その体重を脂肪でつける必要はないし、筋肉をつけたうえで心肺機能を高めるトレーニングをきっちりとやっていれば「筋肉をつけすぎて動けない。スタミナがない」などということはありえない。

それに、筋肉をつけることを否定する人は、体作りの大変さがわかっていない。体を大きくするときは、消費カロリー以上にカロリーを摂らなければ筋肉はすぐに分解してしまう。筋肉と脂肪は同時に増えていくので、ある程度、炭水化物も摂らなければ体は大きくならない。

体を大きくしてから、今度は筋肉を落とさぬように減量して、腹筋の割れた「カッコいい体」を作る。簡単なことではないのだ。

正しい理論にもとづいたトレーニングをすれば、他のスポーツ選手にも見劣りしないアスリートの体を手に入れることができる。そのうえで、プロレスラーにとって不可欠な「筋肉の大きさ」を追求していくべきだと僕は考えていたのだが、いざプロレス界に入ってみると、正しい知識もなく「衝撃を吸収するために脂肪も必要だ」などと言う人がいて、本当に驚いた。

脂肪も必要というのは、程度の問題に過ぎない。ボディビルダーのコンテスト前の体脂肪率5〜6パーセントぐらいの体を見て「実戦向きではない」と言う人もいるが、あの体はボディビルコンテストで勝つために作った「筋肉を見せるための体」なのだから当たり前だ。

僕みたいに体脂肪率が10パーセントちょっとあり、脂肪も少し乗っている体を見て「ボディビルダーのような体」「ステロイド（薬）で作った体」などと批判する人は、そもそもボディビルを知らなさすぎるのだ。僕に言わせれば、「脂肪が必要」というのは、お酒を飲みたい人たちの言い訳だ。昭和のプロレスラーのように、大酒を飲み、大飯を食って、僕のような体を作ることは絶対にできない。

また、こんな意見も耳にする。

「いまのプロレスラー（おそらく僕のことだろう）は筋肉を大きくすることばかりに熱心だが、使えない筋肉をつけて見栄えだけをよくしてもしかたがない」

筋肉を大きくすることに関してはボディビルダーが専門家だからいちばんよく知っ

ている。餅は餅屋なので、僕は必要な部分は見習って、知識を吸収している。そのうえで、筋肉を実戦向けにするトレーニングを加えている。僕の筋肉は、フィジカルトレーニングの知識をプロレス向けにアレンジして作りあげたものなのだ。

ウェイトトレーニングの勧め

僕はウェイトトレーニングだけをやることはない。必ず、ジャンプやダッシュといった練習を加えて、筋持久力と瞬発力を兼ね備えた「使える筋肉」にするのだ。

僕は「筋肉が柔らかい」と言われる。ふだんは柔らかく、収縮させたときに固くなる筋肉こそ最高の筋肉。トレーナーの先生にほぐしてもらうとよく「柔らかい筋肉ですね」と感心される。

筋肉の「カット」やトレーニング後の反応には個人差がある。基本的に、筋肉は鍛えれば鍛えるほど大きくなるけど、各人の筋肉のかたちは遺伝的な素質で決まる。腹筋が割れやすい体質だとすぐ割れるし、ボディビルダーでも極限まで絞り込まないと腹筋が出てこない人もいる。

僕は、江崎グリコでスポーツサプリの開発をされている桑原弘樹さんに「筋肉の天才だ」と言われている。重たい重量を扱わなくても筋肉が発達するし、ある程度脂肪が乗っていても、腹筋の溝が深いので、はっきりと筋肉の陰影が出る。

でも、上には上がいて、新日本プロレスに参戦しているシェルトン・X・ベンジャミンという黒人選手は、見ているとウェイトトレーニングのやり方は雑だし、ろくにプロテインも摂らないけど、筋肉が本当にデカい。彼を見ていると「体質なんだな」と思う。

それはさておき、僕はずっと「プロレスラー」のイメージを変えたかったのだ。

たとえば、イベントやテレビに出演するときに「トップレスラーがきました」と紹介されたら、どんな想像をされるだろう？

ゴツくて、デカくて、でも腹も出ている。昔はそんなイメージだった。

そこに、カッコいい体で入っていったらどうだろう？

「お、いまの新日本プロレスのレスラーはこんなマッチョな体をしてるのか」

「昔とずいぶんイメージが違うな」

そんな驚きが入口になって「試合を見てみたい」と思ってくれる人も絶対にいるはずだ。プロレスラーになって、裸で人前に立つ以上は、誰が見ても「いい体」になろうと思った。

ちなみに僕は、ウェイトトレーニングを一般の方にも強く勧めている。できれば、中高年になる前に始めてほしい。姿勢がよくなるし、腸腰筋《ちょうようきん》という膝を上げるための筋肉を鍛えれば、転倒防止になって、将来、寝たきりになるのも防げる。ウェイトトレーニングこそ高齢化社会において必要なものだ。

最近は高齢者向けのデイサービスが増えて、僕の同級生もいっぱい働いているけど、そういう年齢になる前の予防としてぜひウェイトトレーニングを勧めたい。このことは、これからいろいろな場所で言っていくつもりだ。

転んだときに手をついて、体や頭を守れるように。歩いていて転ばないように。膝が上がるように。背中が曲がらないように。腹筋と背筋にしっかりと筋肉がついて、背筋がシャンとしていられるように──。

若々しく見える人は背筋が伸びていて、お腹も出ていない。それは体幹、腹筋と背筋のバランスがしっかりととれているからだ。そういう体だと、年をとっても腰痛にならないですむ。

会社の中や道を歩いているときでも、胸を張っているほうが印象がいい。仕事を頼む場合だって、廊下の隅を背中を丸めて歩いている人よりも、胸を張って、前を見て、いい姿勢で歩いている人に頼みたい。相手に与える印象は大事なのだ。自分で言ってしまうけど、僕の「さわやかなイメージ」は姿勢のよさのおかげもあると思う。

生まれ持った資質によって効果の出方はたしかに違う。だけど、肉体は正直だ。筋肉はトレーニングによって確実に大きくなる。ウェイトトレーニングは1人でもできる。時間とやる気があって、正しい方法でトレーニングをすれば、必ず成果は出る。

世代交代に成功したから、いまの新日本プロレスがある

2013年、新日本プロレスは全国各地で満員札止めを記録した。すると、こんな質問をされることが多くなった。

「プロレス界でなぜ新日本プロレスだけが好調なのですか?」

これは簡単なことで、新日本プロレスは「世代交代」に成功したからだ。

プロレスはきわめて特殊なジャンルで「今日出てきた選手を明日スターにはできない」という特性がある。プロレスラーとしての実力はキャリアの長さに比例する。そして実力がなければスターにはなれないのだ。

新日本プロレスにも「棚橋・中邑」を無理にでも推さなければいけない時代、まだキャリアの浅い僕たちの対決をメインにしなければ、他にカードがない時代があった。それが2004年〜2007年ぐらいで、当時の会社にとって「世代交代」は差し迫った大問題だった。

残念ながら、キャリア数年の僕と中邑では団体を盛り上げることができず、ビジネスは下がっていった。だけど、そこで新日本プロレスは持ちこたえて、そのあいだに僕も中邑も潰れずキャリアを積み重ねて「世代交代」をやり遂げることができた。

他団体は、現在のスター選手から次世代の選手に世代交代するプロセスで後手後手になってしまっているのが現状だ。トップ選手がいて、団体が充実しているときに次の選手を育てておかないと、トップが怪我や年齢による衰えで団体を支えきれなくなったときに、危機を迎えてしまう。

それに、見ている人を楽しませるビジネスは飽きられたらダメなので、サイクルが大事だ。新しく、若く、勢いのある選手が、若いお客さんを連れてくる。リング上で世代交代が起きれば、観客席も世代交代が起きるのだ。

とはいえ、プロレス界の世代交代は容易ではない。新日本プロレスでも創設以来、明確なかたちで世代交代がなされたことはなかった。

創始者の猪木さんの存在は絶対的だ。団体のシンボルだから、猪木さんが君臨し続けていたことはわかる。問題はそのあとにあったのではないか。長州・藤波、闘魂三銃士、第三世代――。どこかで、お客さんにわかりやすいかたちで「世代交代」が起きてしかるべきだった。

それが起こらず、いつまでも同じ顔ぶれがリングにいて、同じような展開が続いたら、このビジネスにとっていちばん避けなくてはいけない「お客さんに飽きられる」という事態が起きてしまう。

僕と中邑は最初「会社にゴリ推しされている」と批判を浴びながらも、力ずくで世代交代をなし遂げた。だから、猪木さんから続く新日本の歴史の中で、僕と中邑から新しい歴史が始まり、ようやくあるべきかたちになったのではないかと思っている。

僕にとって「プロレス」とは？

「あなたにとってプロレスとは？」そう聞かれたら必ず「生き方です」と答える。

いかなる困難に直面しても、鍛えて立ち向かって、受けて、受けて、最後に逆転する。人生、悪いときもあるけど、頑張っていればきっといいときもくる。悪いときでも絶対にあきらめず、頑張って受け身をとり続けて、最後の最後まで逆転を狙って全力を尽くす。

そんな僕の生き方を表現するのがプロレスだ。

「プロレスとは、おとぎ話のようなもの」と答えることもある。

僕は子どもが寝るときに必ず絵本の読み聞かせをしている。おとぎ話には必ず教訓が含まれているのは誰でも知っていることだけど、僕が感心するのは、おとぎ話は物語の解釈をけっして無理じいせず、読者に委ねてしまうところだ。

たとえば、意地悪ばあさんと優しいおばあさんがいて、意地悪ばあさんは最後に罰を受けるけど「だから、意地悪はダメ。意地悪はやめましょう」とまでは書いていない。その話をどう感じるかの最終判断は読者に委ねられていて「意地悪はいけないんだ」と思う人もいるし、そう思わない人もいる。

同じように、見る人に最終判断を委ねてしまうのがプロレスだ。

ベビーフェイス（善玉）とヒール（悪玉）に分かれているけど、善玉だって反則攻撃をすることがあるし、悪玉でもクリーンに闘う場合がある。そもそもルールで「5

カウント以内なら反則も許される」とある。認められていることと、認められていないことの境界線が厳格ではない。

最後に勝敗はつくし、タイトルマッチもある。だけど、試合に敗れても、見た人が「そのレスラーがいちばんよかった」と思ったら、そのレスラーが大会のＭＶＰだ。決めるのは見る側で、主催者でもレスラーでもない。

僕はプロレスのよさは、こういうところにもあると思っている。

僕にとって「新日本プロレス」とは？

「新日本プロレスとは？」と問われたら、「喜びである」と僕は答える。

どの仕事も、いちばん大事なのは仕事が終わったときの達成感と充実感だと思う。それがないと仕事にやりがいが見いだせない。

新日本プロレスのリングには達成感がある。あの達成感を味わいたいから日々練習し、リングに上がっていくのだ。僕はプロレスという仕事にやりがいと喜びを見つけられた。だから、プロレスの試合のみならず、プロモーションでも握手会でも取材でも、プロレスに関する仕事であれば、そこに充実感と達成感があると感じる。

僕はプロレスを表現するときに「スポーツ」とは言わず「競技」と表現する。プロレスは、受け身を含むすべての「技」を競い合い優劣を決める（3カウントかギブアップで決まる）競技である。もともとはサーカスの見世物的に始まったのかもしれないけど、先輩たちから受け継ぎ、僕らはそれを昇華させてきた。

技を競い合う競技なのだから、欠かせないのは技術を磨くことだ。その意味で、新日本プロレスは「選ばれし者のみが上がれる特別なリング」であり続けている。

入門テストに合格して寮に入り、外出禁止の新弟子時代を送り、完璧な受け身をマスターしなければデビューはできない。デビューしてからも先輩や後輩、他団体やフリー選手、外国人選手と競い合い、お客さんに認められ、勝ち上がった者だけが栄光のＩＷＧＰヘビー級のベルトを腰に巻くことを許される。

熾烈を極める闘いは、日々、全国各地で繰り広げられる。心身ともにタフでなければ絶対に生き残れないリング、それが新日本プロレスであり、だからこそ、レスラーはそれぞれが「自分は新日本プロレスのレスラーだ」ということに誇りを感じている。

「スターを作ること」はできない

プロレスは不思議な競技だ。近道はない。「スターを作ること」は簡単そうに見えるかもしれないが、じつはプロレスではそれはできない。チケットを買ってくれたファンを満足させる実力がない者はスターになれないのだ。

そして、不思議なもので「遠回りこそが近道」だったりもする。

たとえば、中邑真輔はデビュー1年4か月でIWGPヘビー級王座を獲った。総合格闘技で実績を積みながらの「異例のスピード出世」と騒がれたけど、問題はやはりそこから先だった。総合格闘技での実力はあっても、まだプロレスラーとしての実力はともなっていなかったのだ。観客の支持を得られず、中邑はそれから長いあいだ「潜る」ことになった。中邑にとっては長くて、辛くて、厳しい時間だったと思う。

本来なら、チャンピオンになるまでにしっかりと「下積み」をしておくことが必要だった。下積みのあいだにいろいろな相手と、いろいろな試合をして、キャリアを積み重ねて、その過程があるからこそチャンピオンになると「チャンピオンらしい闘い」ができて、お客さんの絶大な支持を得られるものなのだ。

でも、中邑にはその時間は与えられず、2003年にIWGPヘビー級チャンピオンになってから、なかなかお客さんの支持は得られなかった。彼がやっと浮上したのは2012年ごろだ。じつに10年近く潜って、そしていまは最高に面白いプロレスラーになった。2013年のプロレス大賞でベストバウトを獲った「中邑対飯伏幸太《いぶしこうた》」、1・4東京ドームの「中邑対桜庭和志」も評価が高かった。ファンのあいだでも「今度の中邑は誰と、どんな試合をするのか?」が必ず話題になる。

中邑を見ると「急がば回れ」だな、とつくづく思う。

真壁刀義さんの場合は、デビューから10年近く下積みをしてきて、ようやく花開いた。その下積みのあいだの苦労をファンは知っているから、熱い「真壁コール」が起きる。

オカダ・カズチカはまだ26歳と若いけど、中学を卒業してすぐプロレス界に入っているから、僕の持つIWGPヘビー級王座に挑戦してきた時点でキャリアは10年近くあった。

いま新日本プロレスのトップにいるのは、それぞれ長い下積みや低迷期を経験して「自分にしか出せない色」を持つようになった個性豊かなレスラーばかりだ。

オカダ・カズチカに負けて気づいたこと

2012年にIWGPヘビー級王座連続11回防衛の新記録を達成したころから、トップレスラーとして会社全体を背負って突っ走るだけでなく、若手選手にチャンスを与えて、彼らを引っ張り上げていく責任も自覚するようになっていた。

後輩を引っ張り上げる作業は最終的には自分のためでもあると、いまの僕は考えている。

2012年2月、オカダ・カズチカにIWGPヘビー級王座を奪われてしまったが、オカダは「新日本プロレスの新しいスター誕生！」ともてはやされてスターダムにのし上がった。内藤哲也には昨年の「G1クライマックス」優勝決定戦で敗れたが、内藤も「怪我から復活して初優勝！」とファンの注目度が格段にアップした。

若い世代に「棚橋越え」を許してしまった。だけど、僕はここで発想を切り替えたのだ。

新日本プロレスのレスラーにとって「IWGPヘビー級王座」は頂点だ。ベルトを獲り、防衛記録を作り、そこで満足したら、プロレスラー棚橋弘至に「それ以上」はない、ということになる。

だけど、オカダにIWGPヘビー級王座を奪われたことで、僕は「世代交代を余儀なくされた元王者」になった。そこから再起して、王座を取り返すことができれば、いまのオカダよりももっと上に行けることになる。

ここ数年、僕は寝ても覚めても「新日本プロレスをどうやって盛り上げていくか?」を考え続けてきた。オカダと内藤が出てきたことで「これだ!」とひらめいた。レスラー同士が競い合い、上へ上へと上がっていけば、これまでの「上限」を突き破って、会社全体も上がっていける。

これは実社会においてもあることだと思う。

同僚が出世したり、後輩が育ってきたときに「足を引っ張って、引きずり下ろしてやろう」と考えてしまうかもしれないが、そこであえてこう考えてみるのだ。「あいつがあそこまで行ったんだから、オレはその上に行ってやる」。思考を切り替えて、自分自身が向上するチャンスだと捉えるのだ。

オカダと内藤の台頭は、新日本プロレスの内部をますます活性化した。

僕とタッグを組んでいるキャプテン・ニュージャパンも、最近はいいところで活躍してくれている。いまのキャプテンは、真剣に試合をしていても客席から笑いが起きたりしているけど、そこを越えて、マスクの奥に「本気」が見えたとき、必ず会場が爆発すると思う。

新日本プロレスのトップレスラーたちへ

中邑のことはいろいろと書いてきたので、それ以外のレスラーについて書いてみたい。

◆オカダ・カズチカ

オカダは、プロレスラーに必要な資質を全部持っている。

まず、他のスポーツ選手と比べてもひけをとらない長身（191センチ）がある。プロ野球選手は大きい人が多いけど、オカダは並んでもまったく見劣りしない。

そして、一発のドロップキックで会場の空気を変えてしまう。あのズバ抜けた身体能力は、はじめてプロレスを見にきた人にも伝わる。

26歳という若さも、小中学生や高校生の男の子や若い女性ファンを引き付ける武器だ。

育った環境も素晴らしい。メキシコでルチャリブレの技術を学び、新日本プロレスの道場で体力をつけて、アメリカTNAでの武者修行でエンターテインメントを学んだ。

アメリカの一流レスラーは、テレビマッチでは必ずカメラを意識して試合をする。いま自分がどのカメラで映されているか、「赤いランプ」を確認しながら闘えるのだ。これはキャリアを積んだレスラーでもなかなか難しいのだけれど、オカダはそれができる。僕は若いときに海外でプロレスを学ぶ環境がなかったので、これは本当にうらやましい。

あと、オカダに足りないところがあるとすれば、一目で「プロレスラーだな」とわかる圧倒的な肉体だ。これは他のスポーツ選手にはない部分なので、プロレスラーであればそうした体を目指すべきだと僕は思うし、オカダがそんな肉体を作りあげれば、誰もかなわないと思う。

◆内藤哲也

いま、内藤に対する期待感は高い。プロレスラーにとって「何かをやってくれそうだ！」というファンの期待感はとても大事だ。なのに、本人はどうしても最初にネガティブなことを口に出してしまう。

昨年、G1で優勝したときも、第一声が「みんなはオレのことを忘れてると思ってたけど」だった。このくだりはいらない。彼の怪我や不安は煽りVTRで紹介されて会場のみんなが知っているのだ。なのにワンクッション、まず自己否定から入ってしまう。そんな内藤に同情する女性ファンもいるかもしれないけど、僕はトップを狙うならもっと強気で振り切った発言のほうがいいと思う。

「内藤哲也が帰ってきたぞ！　棚橋、オカダ、待ってろよ！」

それぐらい言えば、ファンは「これから何をやってくれるんだ」と期待感が膨らむし「内藤行けー！」となる。そういう展開をお客さんも望んでいる。

G1はヒーローを生み出す場だ。僕らは怪我だらけになりながら日本全国を巡って闘う。2013年は、結果的に「G1王者内藤」を生み出すために闘ってきたことになる。その晴れの舞台では、みんなの気持ちに応えるマイクをしてもらいたかった。あれを聞いて「もったいない！」と思ってしまった。

プロレスラーとしての力量は十分認めているだけに、もっと振り切ってほしかった。

リング上でマイクを手にしてしゃべるとき、僕は必ず「エネルギーのある言葉」を選んで使う。

「ありがとう」なら「感謝してます！」と言い換える。

たとえば、タイトルマッチの会見で「勝ちたいと思います」と言う選手がいるけど「思います」なら「必ず勝ちます」でいい。語尾を言い切るかたちにするだけで、気持ちの伝わり方が違う。プロレスラーは「エネルギーのある言葉」をどんどん発してほしい。

僕は「肯定する言葉」の中から、さらに「どのエネルギーのある言葉を使おうか？」と選んでいる。若い内藤が、僕よりも弱い言葉を使っていてはダメなのだ。

◆柴田勝頼

柴田と僕は同じ日に入門テストに合格したけど、僕はその1年後に大学を卒業してから入門したので、プロレス界のキャリアでは彼のほうが1年上になった。ただ実年齢は彼のほうが3歳下。当時、僕は「柴田さん」と呼び、彼は「棚橋君」だった。

新三銃士の関係性は複雑で、中邑と柴田は学年が同じだが、プロレス界では中邑が4年後輩。ただ、高校時代にアマレスで対戦した経験があって、そのときは中邑が勝っている。

これまで、中邑・柴田の2人は接点もなくて、お互いに認め合っていなかったけど、そういう選手同士が試合をすると思わぬ化学反応で名勝負が生まれたりする。いまの新日本プロレスの中で「中邑対柴田」はジョーカー的なカードだと思う。僕には出せない「危険な緊張感」を出せる2人なので、注目カードになることは間違いない。

柴田に対する僕の感情は複雑だ。彼は不器用で、ピュアすぎて、いったん「プロレスとはこうだ！」と思ったら、その通りにしか進めないタイプだ。

2013年に彼が「G1クライマックス」に参戦して「プロレスが楽しくなってきた」と発言したとき、僕は「寝言は寝て言え！」と噛みついた。それは「これだけお客さんが入って盛り上がっていたら楽しいだろうよ！」という、苦しい時代に団体を去った柴田に対する怒りもあるけど、本音を言えば「気づくのが遅いよ！」ということだ。

もっと早く気づいてくれればよかった。あのままずっと新日本プロレスにいて、盛り上げるために一緒に頑張れたらよかったのだ。

僕には、当時、柴田がなぜ新日本でプロレスを楽しめなくなって、苦しんで悩んで去ったかがわかるので、率直に「プロレスが楽しくなってきた」と言う彼の言葉を喜ぶ気持ちも一方ではある。

ただ、柴田が退団するとき（2005年）の「サラリーマンレスラーにならない」発言にはカチンときた。

柴田は会社の考える企画に対して、いつも「興味がない」と否定していたが、「じゃあ何がやりたいんだ？」と言われると具体的なプランは何もない。それではファンも支持しようがないし、自分も行きづまる。だから、当時、僕はこう反論した。

「柴田は反抗期の中学生みたいだ。プロレスはケンカ？　殺し合い？　じゃあオマエは何でプロレスやってんだよ！」

これはキレて言っているわけではなくて、僕がずっと言い続けていることで、いまでもその考えは変わらない。

昨年、柴田がG1に出場して、いわゆる「バチバチ」の試合をして歓声を浴びたとき、控え室の選手たちのあいだで少し浮足立つ空気もあった。だけど、僕はまったく動じなかった。張り手やキックで盛り上がるのはある程度、想像ができるのだ。

柴田のプロレスが支持されたのは、棚橋、オカダのプロレスが軸にあるから、という自信がある。だから、ああいう「ちょっと昔の新日本」のような試合が受け入れられる土壌があるのだ。これは強がりではなく、本心からそう思っている。

ああいうバチバチの試合には「ネクスト」がない。「危険技」のところで指摘したように、お客さんは「もっと、もっと」と激しさを求める。すると選手もエスカレートしなければならなくなる。そして思わず目を背けたくなる、凄惨なシーンがリング上で繰り広げられることになるだろう。

僕はその先の、「この闘いはいったい、どうなっていくんだろう？」とお客さんの興味をかきたてるところがプロレスの本質だと思っている。柴田のバチバチプロレスに「その先」はあるのだろうか。

名バイプレイヤーの仕事

「プロレス生活15年で数々のレスラーと闘ってきて、忘れえぬ名レスラーは？」

そんな質問をされるときがある。僕は「カート・アングル」と答える。

「日本人レスラーでは？」

質問をする人は、中邑やオカダ、はたまたプロレスファンの「レジェンド」武藤敬司さん、三沢光晴さん、小橋建太さんの名前が出ることを期待しているようだけど、僕は決まってある人の名前を出す。

「ヒロ斎藤さん」

この人のすごさは、一般のファンには理解しにくいかもしれないが、レスラーならみんな知っている。

危険技を使わず、定番のムーブで会場を盛り上げるのはじつは難しく、すごいことだ。なのにヒロさんはセントーンに行くムーブだけで「うおー！」と沸かせる。ベテランになってから会場人気が高くなったのも「プロレスは積み重ねの競技だ」ということを証明する、いい例だと思う。

ヒロさんは序盤のレスリングも、間合いもすべてが上手い。過去にｎＷｏや狼群団に所属していたが、たとえば武藤、蝶野といったスター選手がいても、ヒロさんがいないとチームは機能しない。僕はファンのころからそういう「名バイプレイヤー」に目が行ったけど、実際にヒロさんと試合したら「おお、やっぱり上手いな！」と感動してしまった。

名バイプレイヤーといえば、木戸修さんが有名だけど、木戸さんは「自分が」という部分もあって、ここという場面では「オレが技術を見せるぞ」という姿勢もかなり目立っていたように思う。ここがヒロさんとの違いだ。

僕が見ていた時代の全日本プロレスなら、浅子覚《さとる》さんだ。たとえば6人タッグで、三沢光晴、小橋建太、浅子組が、外国人チームと闘うとする。このとき、浅子さんがいないとチームが成り立たない。そういう動きを浅子さんはしていたのだ。このあたりは、少なくとも関係者や会社はちゃんと評価しないといけないところだ。

いまの新日本プロレスで名バイプレイヤーといえば、ジュニアではKUSHIDA。若手だと渡辺高章。ヘビーだと高橋裕二郎だろう。YOSHI-HASHIは惜しいな。

裕二郎はいま、憎まれ役を積極的に買って出ている。もともと後輩に嫌われていたので（スマン!）、あれはある程度「素」なのだけど、そういう人間がヒールをやることでベビーフェイスがさらに活きる。いろいろなスキルがともなっていけば、裕二郎の試合はもっとウケるようになるだろう。だから、ここからが大事。これからも、何を言われようが「ミスターR指定」を続けていく強い気持ちが必要だ。

カール・アンダーソンとジャイアント・バーナードの功績

かつての新日本プロレスには、タイガー・ジェット・シン、スタン・ハンセン、アンドレ・ザ・ジャイアントといった個性の強い外国人選手がひしめき、それも新日本プロレスの強力な武器となっていた。

いまの新日本もじつはその伝統を受け継いでいる。プリンス・デヴィットを筆頭に、実力と個性を備えた外国人レスラーが多数参戦し、その選手層の厚さは他の追随を許さないのではないかと思う。

外国人レスラーの中にも名バイプレイヤーがいる。カール・アンダーソンだ。2013年2月の広島で僕のIWGPヘビー級王座に挑戦したほどの実力者なのに、外国人選手による反体制ユニット「バレットクラブ」ができると、さっと2番手の役割に回った。

トップレスラーでやっていける力があっても、プリンス・デヴィットを立てる位置に入るところはさすがプロフェッショナルだなと思う。ファンからは「もったいないじゃん」と思われているようだけど、アンダーソンがこのポジションにいることでバレットクラブは機能しはじめたともいえる。

かつて、このアンダーソンとタッグを組んでいたジャイアント・バーナードも、僕にとってとても印象深い外国人選手だ。

彼は身長２ｍ、体重１５０キロのスーパーヘビー級で、僕とリングで対峙すると、僕がかわいそうに見えてしまうくらい体格が違う。だからこそ彼とのＩＷＧＰヘビー級タイトルマッチは「棚橋はバーナードをどうやって攻略するのか？」という期待感と、「一発で吹っ飛ばされて終わるんじゃないか？」という不安も生まれて、大注目のカードになった。

実際に、僕は何度も何度もバーナードに吹っ飛ばされて、押し潰されそうになったけど、際どいところで踏みとどまって逆転勝ちした。あの経験を通して、僕は「ＩＷＧＰヘビー級チャンピオンとしての棚橋の闘い方」を摑んだ。

そういう意味で「ＩＷＧＰヘビー級チャンピオン棚橋はバーナードに作られた」と言っても過言ではない。

ちなみに、僕にとってのバーナードが、オカダにとっての僕だったのではないか、と思っている。オカダは僕と闘うたびに成長していった。一戦ごとに、彼が「ＩＷＧ

Pヘビー級チャンピオン・オカダの闘い方」を掴んでいくのが闘っていてわかったからだ。

第8章
夢の途中

次のスターが
生まれるのならば、
僕は新日本プロレスの
礎で終わってもいい。
本当にそう思っていた。

だけど……。

新日本プロレスブーム到来？

入場ゲートをくぐって花道に出る瞬間、僕は必ず会場のいちばん後ろの席を見る。

花道を歩いてリングに向かっていくと、あちらこちらから声援が飛んでくる。

「た・な・は・しー！」

「タナー！」

「逸材、頼むぞー！」

右手の人差し指で声援のするほうに合図を送り、おもむろにエアギターで入場曲「HIGH ENERGY」に合わせてエア演奏をしながらお客さんを煽る。

そうして、僕は人・人・人で埋め尽くされた満員の会場を見渡して、心のシャッターを押す。

「いい景色だな、また見てえな」

そう思いながら、カシャッ、カシャッと。

会場に足を運び、声援を送ってくれたお客さんを写した僕の「エア写真」は、心の奥のフォトアルバムにそっとしまって、リングに足を踏み入れる。こうしてできあがった心のフォトアルバムと、僕を後押ししてくれるお客さんの声援は、僕の一生の宝物だ。

2013年、新日本プロレスはとうとう長い低迷から脱して、全国各地で超満員札止めを連発した。仙台、大阪、広島……とチケットがまったくなくなり、当日券を出せないことも珍しくなかった。真夏の祭典「G1クライマックス」は連日超満員で、ファンのあいだでチケット争奪戦が繰り広げられた。

その勢いで2014年1月4日、新日本プロレス新年恒例の1・4東京ドーム「レッスルキングダム8」は3万5000人のお客さんを集めることができた。

僕は東京ドームの花道を歩きながら、内野スタンドの3階席の最後列まで埋まっている光景を見て「やっとここまできたんだな……」と感慨にふけった。

通称「1・4ドーム」で、僕は今年まで4年連続メインイベントに出場している。観客動員が思わしくなくて、何度も「今年で1・4東京ドームは終わりか？」と囁かれた。だけど、僕は毎年内野スタンド上段の空席を見ながら「よし、来年はあそこも全部埋めてやるぞ！」と誓って、自分を奮い立たせながらその年をスタートさせていたのだ。

2014年、新日本プロレスはさらなる攻勢をかけている。

2月から毎月、大会場でのビッグマッチを開催しながら、8月の「G1クライマックス」優勝決定戦はキャパ3万5000人の西武ドームに進出する。「1・4」を見て「またきたい！」と思ってくれた人をどれだけ集められるか。

最近はいろいろなメディアが新日本プロレスを取り上げてくれる。みなさん「最近の勢いはすごい」と口をそろえる。なかには「新日本プロレスブームの到来だ！」と言う人もいる。

たしかに「よくなるときはあっという間なんだな」という思いはある。悪くなるときは少しずつ少しずつ、長い時間をかけて落ちていったことを思うと、ここまで急速に、目に見えて盛り上がってきたことには驚きもある。

ただ、浮かれる気持ちはなくて、冷静に見つめている。

まず「ここを目指してきたわけじゃない」という思いがある。たとえば僕が入門した1999年、新日本プロレスは「1・4」以外にも4月、10月と、年3回の東京ドーム大会を開催できる集客力を誇っていたし、そもそも過去に何度も全国のお茶の間を熱狂させるブームを巻き起こしてきた。

だから、現状は長い低迷期からようやく抜け出して、上向きになってきたというレベルだ。まだまだ足りない。僕はさらなる高みをイメージしている。

もっともっともっと丁寧に

いまの新日本プロレスの会場には熱気が渦巻いている。

チケットを買ってくれたお客さんが積極的に「楽しもう！」と前のめりになって試合を見てくれている。小島聡さんと一緒に「いっちゃうぞバカヤロー！」と叫んだり、天山広吉さんがモンゴリアンチョップの動作に入るとすかさず「シューシュー！」と言ったり。試合開始のゴングが鳴ると、どの選手に対しても自然にコールがくる。

ちょっと前まで、僕がいくら客席に向かって「棚橋コールをくれ！」と手招きをしても全然コールはこなかった。

「コールがくるまで試合を始めねえぞ！」

僕も意地になって「まだこない、まだこない！」と手招きし続けたものだ。本当に状況が一変した。

いまの会場の「できあがった空気」は、本当に嬉しい。そういう空気を作りたくて、ずっと苦労してきて、ついに現実のものになった。お客さんが「楽しもう！」と思ってくれて、レスラーの表情、仕草、動きの一つひとつに反応してくれると、レスラーはやりやすいし、どんどん乗れる。この空気で試合ができるいまのレスラーは本当に幸せだ。

ただし、僕は内心、冷や冷やしながら現状を見ているところがある。

というのは、急に「新日本プロレス熱」が上がってきたことで、運営する側がちゃんと対応できているのかな、という心配があるのだ。

僕はずっと大会のプロモーションをしてきて、営業の現場を知っている。昔は、地方で１大会３００枚売れるかどうかという時期があって、営業の社員に「何とか５００枚は売りたいね。いまはちょっと難しいけど、僕が必ず盛り上げて売れるようにするから！」なんて話をしたことを覚えている。

ところが、いまは地方の小さな会場でも前売りの時点で５００枚売れて、当日券を入れると１０００枚以上売れてしまうことが起きている。２～３年前と比べて３倍以上のチケットが売れていて、チケットが取りにくい状況が生まれているのだ。

チケットが売れるのは嬉しいことだけど、僕はつい「昔から新日本を応援してくれているお客さんが後回しにされていないかな？」と心配してしまう。

新しい、若いお客さんが増えるのはたしかに嬉しいことだけど、苦しい時代から支えてくれたファンがチケットを取れなくなってしまうのは困る。そこはバランスを大事にしなければいけない。

ある地方会場で「これはまずいな」と思う光景にも出くわした。

子どもを連れてきていたお父さんに対して、その会場の係の人が「はい、何枚⁉」とちょっと横柄な態度でチケットを売っていたのだ。お父さんも子どもの前でそんな対応をされたら嫌だろうし、そのやりとりを子どもが見ているのだから、お父さんが子どもにリスペクトされるような丁寧な対応をしなければいけない。

偶然目にした場面だけど、コツコツとプロモーションをしてきた僕としては「1枚、1枚。もっと丁寧に対応してほしいな」と思う。

チケットがなかなか売れなかった時代と違い、どこの会場も当日券売り場に長蛇の列ができている。せっかく大会を見ようと足を運んでくれたのに、当日券がなくなって帰らざるを得ないお客さんもいる。そんな光景を見ると、僕は心の中でお詫びしながら、「丁寧に、丁寧に」と唱えている。

第1試合から注目してください

いま、新日本プロレスがこれだけ盛り上がっているということは、少なくともあと何年かはこの状態が続くのだろうと思う。よくなるときも悪くなるときも、反応は少し遅れてやってくるものだ。

だからいま、興行で「あれ、ここはちょっと面白くないな」と気づいたら、しっかりとテコ入れしなければいけない。微調整をする余裕がいまの新日本にはあるので、それができれば、このままビジネスを下げずに行ける自信はある。

会社がいまの好循環を続けながら、さらに上を目指していくには、次世代の若手選手の育成が欠かせないと僕は考えている。

昔から、後輩たちの試合は極力見るようにしている。そして、気づいたことはそのつどアドバイスをしている。

僕が若手のころライガーさんにボコボコにされたように（第2章参照）、どうしても許せない試合があれば「強く言わなくては！」と思っているけど、いまの若いレスラーは僕が若手のころよりもはるかに研究熱心で、プロレスに対してひたむきなので、実際に怒るところはまったくない。

でも、これは若い選手がセコンドとして先輩たちの試合を見て「もっとやらなければ！」と気合いを入れて頑張っている結果だと僕は解釈している。これはとてもいい傾向なのだ。先輩が怒るよりも、若手自身で先に気づいて、工夫しているのだから。

僕がなるべく若手と一緒に練習をしたり、試合を見てアドバイスしたり、ブログや雑誌の連載に登場させているのは、もちろん彼らのためでもあるし、会社のためでも、自分のためでもある。

プロレスは、第1試合が盛り上がると興行全体が勢いづいて、メインまで走れるものだ。最初に会場が沸くとメインに出る僕はそれ以上に盛り上がれる。第1試合にはとても大事な役割があるのだ。

だから、僕は若手の「顔と名前」をどんどん世間に出したい。幸い、僕のアメブロ「棚橋弘至のＨＩＧＨ－ＦＬＹ」は一日数万アクセスがあるので、若手をどんどん登場させて、顔と名前をファンの方に覚えてもらいたい。そうすると、第1試合に出ていても、「あ、棚橋ブログで見た小松洋平だ！」となって、応援してもらえるチャンスも増える。

僕のブログで変顔をして、名前と顔が知られると会場で応援してくれる人も増えていく。会場でパッと気づいてもらうだけでだいぶ違うし、変顔で知ってもらったうえで、試合を見てもらうと「リングでは違うな」とまた思ってもらえる。

いまの新日本プロレスは、いい内容の試合をしていると必ずチャンスが与えられる。そこをモノにできるかどうかは、そのレスラーの力量しだい。若手には「もっともっと、思いきって出てこい」と言いたい。新日本プロレスに対して注目が集まっているいまは、大きなチャンスなのだ。

「人が鳥肌を立てる」法則

僕のプロレス普及活動は現在も続いている。

スケジュールさえ合えば、あらゆるオファーに応える。「いつ、何時、誰のオファーでも受ける」が僕のモットー。最近はよしもと芸人さんからのオファーが多くて、お笑い好きの僕はノリノリで出演させてもらっている。

昨年、よしもと浅草花月で「上半身裸祭り」という、僕にうってつけのライブに出た。すぐに脱ぎたがる肉体自慢の芸人さんが集まるライブに、僕は「プロレス界NO．1の肉体美レスラー」としてゲスト出演した。

お客さんの8割から9割がお笑いの大好きな女性たちだ。こういう場所に出るとき、僕は「1人でも多くのお客さんを新日本プロレスに引っ張って帰ってくるぞ！」と気合いを入れていく。

そういうときも、まず「プロレスをアピールする」よりも「棚橋弘至という人間に興味を持ってもらう」という、大会プロモーション活動と同じ方法を採っている。やはり「プロレスには興味がない。見たこともない」という人に対して、どんなに熱くプロレスの魅力を語ってもなかなか興味を持ってもらえないものだ。

そして、「プロレスラー棚橋弘至」を知らない人たちの前に立つときこそ、レスラーとしての経験や力量が活きるのではないかと僕は考えている。

たとえば、僕はプロレスを通して「人が鳥肌を立てる」法則を見つけた。

人が感動して、思わず「鳥肌立った！」と叫んでしまう瞬間とは、自分の想像したレベルをはるかに超えたものを目撃したときだ。

「まさか、ここまでとは！」

「自分には絶対に無理だ！」

そんな感覚に襲われたときに、人は鳥肌を立てるのだ。

プロレスも「見ている側」との勝負だ。ファンが「こうなるだろう」と想像したものをいかに鮮やかに裏切ることができるかが大事だ。

たとえば、強烈な技が決まって「これで試合は終わりだろう」というときにカウント2・9で返すのもそうだし、「ここであの技を出したか」や「なんだ、あの見たこともない新しい技は！」というサプライズもアリだ。

今日はこんな格好で出てきたのか、というジャブ程度のサプライズもあれば、今年の1・4東京ドーム大会の僕のように「エアギターの男（僕）がマーティ・フリードマン（元メガデスの伝説的ギタリスト）の生演奏と共演しているぞ！」というサプライズもある。

何とかして、見ている人を驚かせたい。「うわー、こんなことがあるのか。今日は見にきてよかった！」と思わせたい。仕事としてすごくやりがいを感じるところだ。

そういう意味で、僕がかねがね「裏切りの達人だ」と感動しているのがお笑い芸人さんたちだ。テレビのバラエティや舞台で共演すると、その達人ぶりにいつも感心して、「オレはまだまだだな！」と反省する。

とくにテレビで活躍している芸人さんはすごい。一瞬で、そこでいちばん求められる言葉をズバリ口にしたり、求められる以上の言葉を返したり、わざとスカしたり、見ている人の感情を言葉で揺さぶって爆笑を起こす。

これはいい意味での「裏切り」だ。テレビの収録で芸人さんのすご腕ぶりを見て「バラエティは戦場」ということを実感したし、プロレスラーとしてもとても勉強になった。

僕も負けてはいられない。テレビでも、舞台でも、なんらかのサプライズを起こして、見ている人を感動させたい。

2013年から、新日本プロレスのレスラーとよしもとの芸人さんが舞台で競演する「激情プロレスリング」が始まった。僕は今年1月の第2弾で、東京ダイナマイトのハチミツ二郎さんと組んではじめての漫才にも挑戦した。内藤哲也はレイザーラモンRGさんと組み、僕たちと漫才対決をして、僕と二郎さんのコンビが勝利した。

まったく畑違いの挑戦だから、大変だし緊張もするけど、そういう経験がまた僕を成長させてくれる。「漫才もできるレスラー」としてお笑いの好きな人も興味を持って、会場に足を運んでくれるかもしれない。他分野とコラボをして、未知の経験をすることは、プロレスラーにとって必ずプラスになる。

会社の雰囲気も変わった

ふだんは道場と試合会場の往復だけど、取材や会見、打ち合わせがあると新日本プロレスの本社に足を運ぶ。2007年に菅林《すがばやし》直樹さんが社長になって（2013年に会長に就任）、かなり本社の雰囲気も変わったなと思う。

菅林さんはもともと営業畑の出身で、西日本が担当だった。僕はとくに接点はなかったけれど、いまでも強く印象に残っているのは、僕が1999年に新日本プロレスに入門した直後の会話だ。

突然、菅林さんに聞かれた。

「タナ君、バイク乗れる？」

僕は「え？　なんでそんなこと聞かれるんだろう？」と思いながら答えた。

「はい、大学のころにバイクに乗っていたので乗れますよ」

その話はそれで終わった。

後で知ったのは、当時、新日本プロレスの中で「棚橋に『仮面ライダークウガ』のオーディションを受けさせようか?」という話があったというのだ。僕にはバイクに乗れるかどうかの確認だけで、オーディションの話も下りてこず、何も知らなかった（橋本真也さんが「なんで断ったんや!」と怒った、という話がウィキペディアに書いてあった）。

オーディションを受けていたら、僕がオダギリジョー（クウガの主役）に取って代わっていたのかもしれない（可能性としては、だけど）。僕も橋本さんも仮面ライダーの大ファン。僕も「惜しいことをしたな」と思わないでもないけど、もしオーディションに受かっていたらプロレスラーとして大きく遅れをとっていたかもしれないし、そのままプロレスを辞めて俳優になっていたかもしれない。きっと縁がなかったということなのだろう。

それ以来、菅林さんとあまり話をしていなかったけど、社長になってからはときどきコミュニケーションをとっている。ファンの人にはわりと控えめな印象があるかもしれないけど、積極的に声を掛けてくれる。「タナ君、最近はどう?」と。

会場にくると売店の売り子を手伝ったり、人手が足りないからと当日券売り場に座っていることもある。営業から叩き上げてきている人なので、「オレは社長だ！」というような要らないプライドはまったくない方なのだ。

そういう姿を社員も見ているし、「みんなでやっていこう感」がいまの新日本プロレスの社内にはすごくある。社長が積極的に掃除をする会社はいい会社、という話があるけど、本当にその通りだなと思う。

昔は「会社には意見を言っても無駄だろうな」と思った時期もあった。とくに2000年代の半ばまでは、会社に何を言っても全然響かない状態で、僕にとっては雌伏のときだった。新日本プロレスに対する逆風の中で、みんなが浮き足立っていたのだ。

昔から、僕は雑誌のコラムで「プロレス興行はこうあるべき」という意見を熱く語ることはあったけれど、会社に対してダイレクトに「こういうマッチメイクはどうか？」というようなことは言ったことがない。

自分の中にいろいろなアイディアを持ってはいるけど、そういう面ではあえて一線を引いていた。会社の内部に入って、試合がどうとか、誰とやりたいとか、マッチメイクを触り始めると、プロレスが面白くなくなるだろう、と感覚的に思っていたからだ。もっと深く会社の中に入ろうと思えばいくらでも入れたけど、プロレスを嫌いになりたくなかったのであえて避けてきたのだ。

菅林さんが雑誌のインタビューでこう発言していた。

「あの苦しい時期、棚橋がいてくれてよかった」

直接は話していないけど、その言葉は嬉しかった。菅林さんは営業畑なので、僕のプロモーション活動を見ていてくれたんだな、と。

2012年、ブシロードが新日本プロレスのオーナーとなった。

ブシロードの木谷高明社長とはオーナーになられてから、2人で食事に行った。六本木の小料理屋さんで膝を突き合わせて、いろいろなことを話した。

僕がずっと考えて、実践してきた通りのことを木谷さんも言っていた。「プロレスを見たことのない人を取り込んでいかなければいけない」と。新規ユーザー、ライトユーザーの入れ替わりこそが業界を維持・発展させていく。「マニアは業界をつぶすよ」とも。

僕のプロモーション活動はプロレスを知らない人に向けてのものだし、プロレスのスタイルもプロレスをよく知らない人にも理解できることを意識して作りあげてきたので、木谷さんと話をして、いろいろと合点がいった。木谷さんなら新日本プロレスをもっともっと発展させてくれるだろう、と確信している。

アントニオ猪木を越えたい

さんざんゴールデンタイム時代の考え方ではダメだと言ってきたのと矛盾するようだけど、いまも目指すのは、プロレスのゴールデンタイム復帰だ。

昔、お祖母ちゃんと僕が一緒に猪木さんや馬場さんの試合を見て楽しんでいたように、子どもからお年寄りまで、みんながプロレスを楽しめる環境を作るには、やはりゴールデンタイムのテレビ中継は不可欠なのだ。

テレビの力は本当に大きい。とくに地方に行くと「テレビに出ている有名人がきたぞ！」というのが興行の原風景なんだな、とつくづく感じるのだ。

いま、真壁刀義さんがスイーツ真壁として朝の情報番組『スッキリ!!』に出演したり、僕が民放のクイズ番組にときどき出たりしているが、ゴールデンタイムの中継で15年間も主役を務めた猪木さんには到底及ばない。

昨年も知名度の問題を痛感させられるできごとがあった。

2013年、真夏の祭典「G1クライマックス」は空前の盛り上がりを見せた。各地でチケットがソールドアウトとなり、その熱気に後押しされるように最終日の両国国技館大会の模様は当日深夜のテレビ朝日『GET　SPORTS』で放送された。

たくさんの人に見てもらいたい僕としては地上波での当日放送は大歓迎だったけれど、実際の放送を見て「ああ、そういうことか……」と思った。

テレビ朝日が番組の冒頭に流した試合はG1の公式試合ではなくて、曙さん、桜庭和志選手、飯伏幸太選手が出場した6人タッグマッチだったのだ。知名度の高い曙さんと桜庭さんを並べて、そこに華麗な空中殺法の飯伏選手を加える。最初に「スペシャル感」のある試合を見せて、まず視聴者の興味を引こうというのだ。この順序はG1が映画館で3D上映されたときも同じだった。

一般の人に向けて新日本プロレスを見せようとしたとき、そういう「摑み」のカードが必要になる、というのが作り手側の判断なのだ。

僕はプロレス側の人間なので、G1優勝決定戦のセミファイナルに「曙、桜庭、飯伏対飯塚、石井、YOSHI-HASHIの6人タッグマッチ」というカードが組まれたとき、最初は「必要なのかな?」と思ってしまった。だけど改めて「できるだけ多くの人にプロレスを見てもらう」ということで考えてみて、あの「摑みのカード」

が必要になることは理解できた。でも……。

悔しかった。ここは悔しがらなくてはいけないところなのだ。

僕たち新日本のレスラーではまだまだ世間での知名度が低くて、地上波では数字がとれないんだぞ、という判断をされたのだから。

悪いのは有名になっていなかった僕なのだ。改めて「もっともっといろいろな場所に出て行って、有名にならなければいけない」と誓った。

いま、世界最大のプロレスイベントは、WWEが毎春に開催している「レッスルマニア」だ。スタジアムに7～8万人の大観衆を集め、PPVでは120万件を売り上げる。

僕は1・4東京ドーム大会「レッスルキングダム」をいつか「レッスルマニア」を越える夢の舞台、見ている人がその場にいられるだけで喜びが湧いてくるようなビッグイベントにしたいと考えている。

そのためにすべきことは、わかっている。出場するレスラーがもっと有名になればいいのだ。誰もが知っているプロレスラー、知名度のあるプロレスラーがリング上でぶつかり合うのだ。

ＷＷＥは地上波放送を持っているし、ザ・ロックは映画に主演して、アメリカ人の誰もが知るスターになった。そんな有名レスラーがオレたちの前で試合をするんだぜ、というスペシャル感、誰もが名前と顔を知っているプロレスラーが次々と出てくるお得感こそが「レッスルマニア」を特別なイベントにしているのだ。

プロレスラー個々の技術レベルも、試合の内容も、新日本プロレスのほうが高いという自信はある。圧倒的に足りないのは知名度だ。

いまの新日本プロレスは、まだプロレスファンという「知っている人」のサークルの中で盛り上がっているだけ。まだまだだと思う。

だから（意外と思われるかもしれないが）、これからの僕のテーマは「猪木越え」だ。新日本プロレスも創立42年目を迎えて、そろそろ創始者を越える人間が出てこなければダメだと本気で思っている。

僕はアントニオ猪木さんを、意識していないように見えてじつはいちばん意識しているレスラーかもしれない。それは猪木さんに対する大いなるリスペクトがあるからだ。

「猪木越え」のためには、やはりテレビ中継をゴールデンタイムに戻すことだ。

それができたら、プロレスを見る人数のケタが変わって、僕みたいに偶然テレビで見たプロレスの試合に魅了されて、プロレスが大好きになる人の数も爆発的に増えるだろう。

テレビ朝日には、じつは「新日本プロレスつながり」の社員がたくさんいる。『アメトーーク』の加地倫三プロデューサーは、昔『ワールドプロレスリング』の担当だった。僕の大学の2コ下の後輩は、大出世していま『Qさま!!』のプロデューサーをやっている。彼は「僕がプロレスをゴールデンに戻します！」と言ってくれているので、いつか援軍になってくれればいいな、と思っている。

プロレス界にとどまらず、いろいろな業界に出ていって「棚橋弘至」と「新日本プロレス」を広めて、いつか『ワールドプロレスリング』をゴールデンタイムに戻す。

そして、メキシコでルチャリブレが国技であるように、僕は日本でもプロレスが「日本の文化」として根付いてほしいと思っている。日本のプロレスには、力道山以来、50年以上の歴史があり、その時代ごとにスターを生み出して、たくさんの人を熱狂させてきた。アメリカとも、メキシコとも違う「日本のプロレス」がたしかにある。

富士山のような世界遺産に、とは言わないけれど、日本が誇るコンテンツとして、海外にも発信できるのではないか。いまの新日本プロレスなら、それが可能だと僕は思っている。

次世代レスラーの台頭と僕の引き際

10月10日は僕のデビュー記念日だ。1999年にデビューして、プロレスラー生活は15年目を迎えた。

栄光も苦悩もどん底も味わって、体のあちこちに古傷を抱えているけど、いま振り返って「辛かったな」とは思わない。

たぶん、悔しくて泣いた夜もあったと思うけど、そのときどきが一生懸命すぎて「辛い」という感情にひたっている時間はなかったし、いまがとても充実しているので「辛かった」という記憶はまったく残っていない。

「この15年をもう1回やれ」と言われたらさすがに嫌だけど、いまの経験と知識を持って当時に戻ったら5年で現在の状態にまで戻す自信はある。

苦しいことは多々あったけれど、僕は苦しむところは他人には見せないタイプだ。

僕は自分のことを「苦しみを表に出さないプロ」だと思っている。どんな状態でもつねに明るく行けるし、明るくいられる。何度どん底を味わっても、とにかく楽しく仕事をする方法を見つけていこう、とすぐに気持ちを切り替えてここまできた。

ただ、テレビ朝日のアナウンサーさんが、試合中継の中で繰り返し「新日本プロレスが苦しい時代を棚橋が支えてくれた！」と叫んでくれるので、そのイメージが定着してきて、最近はみなさんに「苦しい時代を支えた功労者ですね」と言っていただくことも多い。

だけど、僕はこう答える。

「いえ、苦しい思いは一切していないんですよ」

僕はずっと「新日本プロレスの礎《いしずえ》」になってもいいと考えていた。

低迷期が長くて、出口がどこにも見つからない状態が何年も続いていたから、何とか自分が引退するまでに「プロレス」というパイをこれ以上減らさないように、少しでも上向きにして、次に続く若いスター選手に繋げようと考えていた。そのために自分は礎になるんだと思い、踏ん張ってきた。

プロレスラーは誰でもつねに1番でありたいと思っている。だから引退するときも1番でいたい。誰かのために「捨て駒」になってやる、みたいな気持ちはなかなか出にくいのだ。

新日本プロレスの歴史を見ても、猪木さん、長州さん、闘魂三銃士と、みんな「自分が1番」というイメージを持ったままで引退したり、団体を去っていった。自分のポジションを後輩に受け継いで、きっちりと世代交代をして去っていかないから「次のスター」は生まれにくいし、若いスターが生まれなければ、若いファンも育たない。だけど、僕は次のスターが生まれるのであれば、新日本プロレスの礎で終わっていいし、そうなろう、と思っていた。

そして、オカダ・カズチカが出てきて、内藤哲也が出てきた。20代の若手レスラーもどんどん伸びていて、僕よりも若い中邑真輔や後藤洋央紀も団体の顔と呼ぶにふさわしい存在となった。

若い力の台頭は僕の望んでいたこと。その通りになったけれど……。

会場がお客さんでびっしりと埋め尽くされて、熱気にあふれていて、盛り上がることをずっと望んでいままでやってきた。それがやっと実現したのだ。

そう考えたとき「僕の時代はまだ終わっていないんじゃないか?」と思い始めた。

気づけばまだ37歳だ。体は動くし、心も好奇心にあふれていて「こんなことをやってみたい」というアイディアも、やる気も、エナジーもどんどん湧き出している。

僕はもともと「面白いこと」が大好きで「なんか面白いことがないかな?」と探しながら生きている人間なので、僕から「もうやることがなくなった!」と言うことはないのだろうと思う。

最近はブログだったりツイッターだったり、いいツールがあるので、みんなが「何か面白いことはないかな?」と思うようになっているけど、それはすごくいいことだと思う。つねにアンテナを張って生きていると、いろいろなことが楽しめる。僕も、物事を楽しめているあいだは現役でいられるのではないかと思っている。

ここ10年ぐらい、僕の「プロレスはこうあるべきだ」というプロレス論はほとんど変わっていなくて、同じことを言い続けているけれど、「今度はこういうことをやってみよう」というアイディアは日々生まれている。僕の思考は毎日更新されているので、10年前からすればもう原型がなくなってしまっている。それぐらい毎日が刺激的だ。

人に見てもらう仕事でいちばんの敵は「飽きられること」だ。なので、僕が「新しいもの」を生み出したり、話題を提供することができなくなってきて、お客さんから

「もう棚橋はいいんじゃないか？」と言われるようになったら、僕はパッと辞めようと思う。

自分自身の中で「まだ何か面白いことができるな」という意欲があって、まだまだ動けて、たとえばかつての木戸修さんのような「いぶし銀」としてのニーズがあるのであれば、ちょっと本線から外れるかたちでもいいから、新日本プロレスの援護射撃をしていきたい。

―終わりに　―プロレスは「まだ知られていない」からチャンスなのだ

プロレスにとって、逆風はまだまだ続いている。

もしいま「プロレスをどう思いますか?」というアンケートをとったら、10代、20代は「プロレスを一度も見たことがないからわからない」という答えがダントツで1位になるだろうと思う。

それぐらいプロレスは知られていない。かつて、学校でプロレスごっこに熱中した最後の世代としては寂しいかぎりだけど、逆に、僕はいまのこの状況はチャンスなのではないかと捉えている。

プロレスを見たことがないということは、つまりプロレスに対する先入観も偏見もないということなのだ。

僕はプロモーションで繰り返しこう訴えてきた。

「一度でいいから会場にきて、プロレスを生で見て、体感してください。そうすれば、必ずプロレスを好きにさせる自信があります」

僕がこういう話をしたとき、プロレスをチラっとでも見たことがあって「プロレスはダメ、嫌い」と言う人よりも、まったく見たことのない人のほうが「どんなものか、一度見てみたい」と好奇心を持ってもらえることが多い。白紙の状態で会場に足を運んでもらえるのだ。

いまプロレス会場には「プロレス女子」が増えているけれど、そういう女性たちのきっかけは「イケメンレスラー」で、実際に生で見てみたいと勇気を出して会場に足を運んでみたら、あまりの面白さにプロレスにハマってしまった、と言う。

そんな言葉を聞いて、僕は自分のやってきたプロモーションの方向性が正しかったと確信した。

プロレス体験を一切持たない世代でも、一度会場に足を運んだら、その楽しさと激しさと興奮にハマってしまうプロレス。そして「楽しかった。また見にこよう！」と言わせるプロレス。

それこそが新日本プロレスの目指すプロレスであり、僕はその伝道師になろう。

そのために、僕はこれからもプロレスへの愛を叫び続ける。

本書を最後まで読んでくれたみなさん、愛してま〜す！

2014年3月6日

棚橋弘至

文庫のためのあとがき

『棚橋弘至はなぜ新日本プロレスを変えることができたのか』を出版して1年半、この間の仕事の幅の広がり方は半端じゃなかった。プロレスラーならまず来ないだろうと思われる依頼、たとえば企業の社員向けセミナーの講師をしたり、ビジネス系のメディアに出たり、作家・西加奈子さんの直木賞受賞パーティーのサプライズゲストに呼んでいただいたり。雑誌「ａｎａｎ《アンアン》」では、西さんと読書をテーマにした対談をさせていただいた。

ちなみに、西さんは単行本の帯（第二弾バージョン）も書いてくださった。

「何かのせいにしないこと。

愛をもって生きること。

棚橋選手は、私たちに必要なことを教えてくださいました。」

素敵な言葉だ。ありがとうございます！

僕は、ずっと「プロレスというジャンルを飛び越えたい」と思って、自分なりに模索し、情報を発信してきたけれど、なかなか「プロレスに興味のない人たち」（猪木さんの言う「環状線の外側にいる人たち」）に僕のメッセージは届かず、苦労してきた。でも、この本を出すことで、いろんな人の目に「棚橋」が触れるようになり「ジャンルの壁が破れた！」という実感を初めて得ることができた。西さんに言葉をいただく前の単行本の帯（第一弾バージョン）は「閉塞感の破り方、教えます」というフレーズだったけれど、本によって「一番閉塞感を破った」のは実は棚橋本人だったという……。この「ちゃっかり感」が僕らしい。

本書を読み返して「格好をつけていないのがよかったかな」と思う。恥ずかしくて、本当は封印したい過去もすべてさらけ出したつもりだ。まるで、ディック・マードックが試合のたびにパンツを引っ張られて、ケツを丸出しにしてるぐらいの丸裸ぶりだけど、僕は常々「お客さんが盛り上がるなら、喜んでケツぐらい出します！」と公言しているレスラーなので、はからずも初の著作本で気合いが入って何の躊躇もなく素っ裸になってしまった。

また、本の中で「情報は伝わらないものと考えて、繰り返し丁寧に発信する」と書いたけれど「本当に、何も伝わってなかったんだな」と実感した。というのも、本の感想に「チャラい」というフレーズが頻発しているのだ。

〈棚橋はチャラい印象しかなかったけど、実はいろいろと考えてたんだな〉

〈昔はチャラくて大嫌いだったけど、本を読んで印象が変わった〉

僕はとっくに「チャラい」は卒業したつもりだったのに、こんなに大勢の人が「棚橋＝チャラいレスラー」という印象のままだったなんて……。

もう違います。実は真面目で、真摯にプロレスに取り組んでいる男なので、外見の印象に惑わされず、ＣＭも、カタい教育番組でも、何でもオファーをお待ちしてます！

新たな発見がいくつもあった。

僕は新日本の低迷期「かつて東京ドームを超満員にした7万人の大観衆はどこにいったのだろう？」と思っていたけど、この本の感想の中にその答えをみつけたのだ。

〈一時期、プロレスを見なくなって、最近また新日本プロレスを見るようになった。

プロレスを見ていなかった空白期間に何があったのかをこの本で知ることができた〉
そんな感想を幾つも見かけた。本書が「プロレス空白期間」を補完して、プロレスファンに戻るためのガイドの役割を果たしたのなら嬉しい。そして「おかえり」と言いたい。
プロレスファンに戻ってくれたみなさん、会場でお待ちしてます。

想定外だったのは、ビジネス系メディアの取材がたくさん来たことだった。取材を受けていても「ビジネス系記者」ならではの「引っかかりポイント」があった。

「プロレスはまだ若い人たちに知られていない。だからチャンスなんです！」

その話をすると、ビジネス系の記者は一様に「はっ」とした顔をして僕を見る。

〈知られていない＝伸びしろ＝チャンス〉

この考え方でいけば「新日本プロレスのビジネスチャンスは無限！」ということだ。日本国内に限らない。世界に目を向けると、まだまだ「新日本プロレス」を知らない人たちがいる。アジア、アメリカ、ヨーロッパ、中東、アフリカに僕らのプロレスを届けていくのだ。だからプロレスはもっと盛り上がるし、新日本プロレスはもっともっと大きくなっていく。

ますますビジネス系の記者の目が輝き、そして必ず聞かれる質問がこれだ。

「棚橋さんはどうやってモチベーションを高く保っているのですか？」

そんなニーズに答えたいと思い、出版したのが著作本第二弾『全力で生きる技術』（飛鳥新社刊）なのだ。こちらもよろしくお願いします。


僕の中では「本を書いたから終わり」ではなくて、こまめな情報発信は今も続けているし、明日も明後日もずっと続けていくものだと思っている。時々この『棚橋弘至はなぜ〜』を読み返しては「書いたことにウソはつけないな」と気持ちを新たにして、日々の練習と仕事に向かう。僕の「原点」を確認する場所になった感じだ。

「新日本プロレスは本当に〝変わった〟と言えるのですか？」
その問いに、正直に答えると
「変わりつつあります」
僕は「変化」は止まってはいけない、と思っている。昔に比べたら、新日本プロレスはずいぶん変わったと思うけれど、時代は常に変化しているのだから、注意深く「変化」を見極めながら柔軟に対応していかなくてはいけないと思う。

最近、手塚要社長にお会いした時に「マナー講習」の話になった。会社に接客マナーの講師を招いて、社員と興行スタッフでマナー講習を受けたそうだ。

「会社も生まれ変わりつつあるんだな」と思った。

僕は、取材やグッズ等の打合せでよく会社に足を運び、社員ともよくコミュニケーションを取っているけれど「今のままでいいんだ」と思っている社員が随分減って、危機感を持ち、主体性を持って動く社員が増えたな、という印象を持っている。

プロレスは、レスラーと運営スタッフの両輪がガチっと噛み合って回っていくもので、社員の変化は心強いし、僕らレスラーはますます盛り上げていかなくてはいけないと思う。


本の中で、反響が大きかったのは「ハッスル」と「柴田勝頼」の部分だった。量はそう多くもないのに、本を読んだ感想を聞くと必ずその2つが出てくるので「自分の感情が高ぶって、抑えきれなかったのかな?」と思う。

あの後、柴田さんとはリング上で握手をして「和解」した。詳しいやりとりは新日本プロレスの公式HPか、動画配信サービス「新日本プロレスワールド」の「2014年9月21日神戸ワールド記念ホール大会」を見ていただきたい。

僕としては、柴田さんに「おかえり」と言ったことでそれまで抱いていた「わだかまり」は無くなった。それ以降、タッグを組むこともあり「これからどういう関係になっていくのだろう?」と思っていた矢先、2015年のG1クライマックスで対戦。リングで向かい合った時「昔のままの柴田さんだな」と思った。誰にでも牙を剥き、ギラギラとした殺気を感じて「感傷的になったら飲み込まれてしまうぞ」と僕は気持ちを引き締めた。ヤングライオンの頃そのままに、お互い「コイツにだけは負けたくない」と意識し、刺激し合う関係がこれからも続いていくと思う。

内藤哲也についても書いておきたい。

2015年5月のメキシコ遠征で、彼は現地のユニット「ロス・インゴベルナブレス（制御不能）」の一員となり、6月に帰国すると「制御不能の男」として自由奔放に暴れ出した。

とうとう吐き出したな、と僕は思った。彼は長年内側に溜めていたのだ。柴田に対して「一度出ていった会社に帰ってくるやり方を教えてくれよ」僕に対しては「この会社は、棚橋の言うことが全部正しいんだろ?」これが「安定」や「序列」をブチ壊す存在を求めていたファンの琴線に触れた。かつてはブーイングを浴びていた内藤が、今現在「もっと派手に、もっとハチャメチャなことをしてくれ!」と願うファンの支持を広げつつある。

これからが勝負だ。常にファンの想像の上を行って「内藤は次に何をやらかすんだ⁉」と期待感をふくらませることが出来れば、もっと支持は広がっていくだろう。ファンの「好み」は変わっていくものだ。僕は、内藤に対するファンの反応を見ながら「では、棚橋は次に、どんな姿をファンに見せるべきなのか?」と考えている。

現在は「複数スター制」だ。棚橋、オカダ、中邑がいて、AJスタイルズがいて、誰かがメインイベントを務めて興行をきっちり締める。「面白かった、また来よう!」とファンを満足させられる実力がなくなれば、誰かに取って代わられるだろう。シリーズ中は日々「今日は誰がメインイベントを取るか」という争いだ。

僕は「今の複数スター制から、一人だけ飛び抜けたい」と思っている。

たとえば、未知の外国人選手が参戦する。若手や中堅がぶつかるけど太刀打ちできない。どうやらこれは相当の実力者だ……、とわかったところで最後に棚橋が倒す。

つまり、かつての猪木さんのような「絶対的なスター」の地位を狙っているのだ。

アラフォーだけど、体力も気力も充実していて、新しいアイディアもどんどんわいてくる。まだまだ老け込む年齢ではないし、何より人も驚くこの「貪欲さ」！

「棚橋を引きずり降ろして、自分たちの時代を築く」

新日本にはそんなレスラーたちがひしめいているけれど、僕の「野望」はとどまるところをしらない。

僕が一番信じているのは「ライブの反応」だ。会場で聞くファンの歓声、悲鳴、ため息、ブーイング、すべての反応を手掛かりにして「自分の戦いのスタイル」を作り上げてきた。

毎日変化するファンの反応を注意深く聞きながら、日々の模索は続く。1試合、1試合が勝負で、だからこそ「飽きること」や「マンネリ」がないし、進化が止まったらその瞬間から落ちるのがプロレスという競争社会だ。

どうしたら「誰も見たことのない、新しい棚橋弘至」を見せて、もっともっと新日本プロレスを盛り上げることができるのか。僕は今も模索している。

本書『なぜ棚橋弘至は新日本プロレスを変えることができたのか』には、ある仕掛けがされていることに気付いただろうか。

この本を読むと、ワクワクが止まらなくなって、無性にプロレスが見たくなる、というある種のステマ作用があるのだ。

僕の狙い通りに〝プロレスが見たい中毒〟にかかってしまった方は、ぜひ一度、新日本プロレスの会場に足を運んでみてほしい。

必ず、楽しくて、激しくて、興奮できて、日々のストレスも吹っ飛んでしまう試合が見られるはずだ。

では文庫版を読んでくれたみなさん、愛してま〜す！

２０１５年11月13日

棚橋弘至

解説にかえて

オレも、棚橋も、新日本プロレスも、まだまだ、こんなもんじゃねえぞ

真壁刀義（新日本プロレス）

棚橋の本？　悪いけどさ、読んでないんだよ。

プロレス雑誌は読むけど、現役レスラーの本は読まないんだ。それぞれに人生があって、ラッキーなことも辛くて苦しいこともあったと思うよ。だけどさ、オレがそれを知って、いちいち感動してみ？　リングで対峙した時、いろんな感情が出るだろうし、万が一「情」が出てしまったらどうなるよ？

試合が少しでも甘くなれば、オレ自身のファイトが見せられねえし、それって結局、相手の魅力も削ってしまうことになると思うんだ。

だから、オレは「棚橋が何を書いたんだろう？」なんて興味はない。リングで戦っている間は読まないんじゃないかな。

新人時代の棚橋は、ひとことで言えば「生意気」だな。

アイツ、絶対に弱音を吐かなかった。

人間さ、弱音を吐くと「こいつ、こういうヤツなんだな」ってわかるし、ある種の連帯感も生まれるじゃん。

だけど、彼は「絶対に舐められたくない、弱いところを見せて呑み込まれたくない」って思ったんだろうな。そこは頑なだったよね。

一先輩からすれば「素直じゃねえな、可愛くねえ後輩だな」と思いつつも「よし、頑張れ」って思ったよ。だってさ、道場での練習で新人が一切弱音を吐かなきゃ、上の人間に「なんだコイツ、まだまだ出来るじゃねえか！」ってさらにきつくしごかれるリスクがあるわけだ。

でも、それをわかっていながらも意地を張って、弱音を吐かずに一回一回の練習を燃え尽きるまでやる。それを積み重ねるうちに、少しずつまわりも「コイツ、大したもんだな」って認めるようになる。

棚橋はそうやって這い上がってきたんじゃねぇの？

オレ自身は、棚橋を叱ったり、いちいち注意したりした覚えはない。ただ「先輩とはこうあるもんだ」って、背中を見せて教えてきたつもりだよ。

オレも先輩として「叩きつぶしてやる!」という思いで戦ったし、棚橋もそれを感じて「負けねえぞ!」って気合いを入れて向かってきたしね。

先輩・後輩だけど、リングに上がればそんなことは関係ないんだ。全員がライバル。プロレスはそういう世界だよ。

「オレらの世代で変えていこうぜ!」

新日本の一番いい時と、一番悪い時を知ってるのがオレと棚橋だと思うよ。

だから「最近の勢いはすごいですね!」なんて言われても、オレは全然ピンと来ない。会社の人間は「人気がすごい」「チケットが完売した」なんてワーキャー言ってるけど、オレは「そうじゃないだろう」って思ってる。

「こんなんじゃねえよ、まだまだいけるぜ!」

「一番いい時」を知ってる人間ならそう思うよ。多分、棚橋もそう思っているんじゃないのかな。

最近「棚橋が新日本プロレスを変えた」なんて聞くけどさ、オレらから見れば、全然、まだまだだよ。

まず「棚橋が変えた」というけど、その間、アイツの前に立ちはだかったたくさんのレスラーがいて、そいつらと戦うことでいろんな化学反応が起きて、そうやって棚橋は上がっていって今があるわけだ。それを忘れたらいけないと思うぜ。

棚橋に「オレらの世代で新日本を変えていこうぜ！」と話したことはよく覚えているよ。棚橋にも「新日本を変えたい！」という強い思いがあったはずだし、でも一人でやるのはさすがに荷が重い。そんな時、同じ思いのオレが近くにいたから「よし、もっといけるぜ！」っていう気になったのはあるかもしれないな。

プロモーションでは、棚橋もオレも、ものすごく地方を回った記憶があるよ。ファンと直接コミュニケーションを取ってみて、オレが感じたのは「危機感」だったな。「本物のプロレスをガッチリと見せていかないと、プロレスファンが『プロレスはもうダメだ』と諦めてしまうんじゃないか？」って。

プロレス界全体が低迷して、ファンも自信を失っているのがよくわかるんだ。

「このままだと、今のファンもプロレスから離れていくんじゃないか？」

だからこそ「地方から盛り上げていかないといけない」と強く思ったよ。

きっと棚橋も同じ思いだったんだろうな。地方にプロモーションに行って、帰ってくるとよく二人で話したよ。

「もっとプロレスを広めて、盛り上げていくための方法が何かないかな？」

「何かないですかね？」

スイーツ真壁

そんな時、会社から「ブログをやってくれ」って言われたんだ。

あれ、毎日毎日更新しなきゃいけないし「やだよ」って言ってたんだけど、テレビ朝日の知り合いのディレクターからも「やってください」って言われて「じゃあ適当にやるか」って始めたんだ。

そうしたら、やればやるほど面白くなっていくんだ。

地方の仲間が送ってくれた珍しいスイーツを紹介したりして「スイーツブログ」で注目されたんだけど、スイーツ、スイーツと来て3日目はまさかのしゃぶしゃぶ（笑）。オレは平気でラーメンも載せるし、そこは「真壁流」で自由に、楽しんでやっていたんだ。

そうしたら、テレビ局から「スイーツコーナー」のオファーが来たんだよ。

それもまさかの「日本テレビ」だよ（笑）。

「あれ!? テレビ朝日じゃないの？」

そう思ったけど、オレからすれば格好のプロモーションになる。

「OK、やらせて貰うよ」

最初は「隔週で3か月」という話だったんだけど、去年から毎週やるようになって、今年で3年になるよ。

みんなに「真壁さん、すごいですね」と言われるけど、ただラッキーだったわけじゃないよ。番組に出て喋るようになったら「もっと知識が必要だな」と思って、ツアーの合間にスイーツの本を読んだりして、いろいろ勉強したよ。

一番苦労したのは「コメント」だな。コーナーが始まった頃はディレクターに相当ダメ出しを喰らったからね。

だけど「悔しい思いをしたら、必ずやり返す」のがオレの信条だから。「おいしさ」の表現とか、コメントも色々と考えたよ。そういう積み重ねがあっての3年で、その間にオレのコーナーに仲間の本間（朋晃）も一緒に出演して貰って、本間も「ガサガサ声」で花開いたしな（笑）。

棚橋には言いたいね。

「お前さ、これでオレのほうが有名だろ！」

オレは、プロレスはもちろん一生懸命だけど、テレビの仕事も一生懸命。人間、叩かれないと伸びないんだ。オレは、最初の頃に散々ダメ出ししてくれたディレクターに感謝しているよ。

棚橋へのブーイング

棚橋がブーイングを喰らってた時、オレは思ったよ。

「こいつ、可哀想だな」

ブーイングを喰らったことが可哀想なんじゃないよ。「自分がなぜブーイングを喰らってるか」に気づいてないことが可哀想なんだよ。

客席からブーイングが起こった時、オレは正直「ほらな」って思った。

なぜか？

簡単なことだよ。「会社に守られてるレスラー」には面白いぐらい客は共感しないんだ。どんなに頑張ってもまったく共感してくれない。そこが「叩き上げ」との違いだな。

プロレスラーが「恥ずかしいところ」を見せると、客は背中を押してくれる。カーボーイの喧嘩と同じだよ。殴られて倒れても、また立ち上がって殴り合う。どちらかが完全に立ち上がれなくなるまで殴り合うんだ。

相手の技を喰らって、倒れて、だけど立ち上がる。そういう姿を見せたら、必ず客は共感してくれる。だけど、棚橋は試合でそういう姿を見せられなかった。

だけど、いつの試合だったかな。相手にやられた時、棚橋の表情が変わって「この野郎！」って感情を剥き出しにしたんだよ。

オレはモニターで見てて、思わず叫んだ。

「よし、これだ！」

客は、なんでわざわざ高い金を払ってプロレスを見に来ると思う？

そこに「非日常」があるからだよ。普段は人前で出せない人間の生の感情、悔しさや怒りや喜びが爆発する瞬間が見たいんだよ。

でも、相手の技を喰らっても、そんなに悔しくもない、ただ痛がるだけ。そんなプロレスを見たいと思う？

客はレスラーの「勇気」を見に来ているんだよ。

ブーイングを喰らってた頃の棚橋は、精一杯カッコつけてた。

カッコつけてもいいんだけど「弱いところは絶対に見せまい」と変なところで意地を張ってた。

弱いところも含めて、全部さらけ出してしまえばいいんだ。自分の隠したいところ、恥ずかしいところも、全部さらけ出せば、きっと客も共感してくれる。

そのことを棚橋がわかった時、客のブーイングは歓声に変わったんだよ。

だけど、棚橋はまだまだだと思うぜ。もちろん、オレも、新日本プロレスもまだまだ。一番いい時を知っているオレと棚橋が「よし、新日本プロレスは変わった」なんて満足しているようなら「いい時」も長く続かないよ。

オレたちは「もっと上」を目指さなくてはいけないんだよ。だって、オレらが入門した頃の新日本プロレスはこんなもんじゃなかったし、昔の「凄い時代」を知っている人間は「あの頃」より上にいって初めて「よし」と感じられるんだと思う。

もしも、棚橋が少しでも天狗になったら、オレが思い切り引っぱたいてやる。それが先輩の役目だと思うしね。

おい、棚橋！

オレももちろん頑張るけど、

お前も、もっともっと頑張れよ！

SPECIAL THANKS TO:
新日本プロレスの選手、スタッフ、そして、
プロレスファンの
皆さん

	8月15日	**G1優勝決定戦に初進出、天山広吉に敗北**
	12月11日	**中邑真輔と組み第47代IWGPタッグ王者に**
2005年	1月25日	柴田勝頼、新日本プロレスを退団
	4月24日	**第1回NEW JAPAN CUPで中西学を破り優勝**
	11月14日	ユークスが新日本プロレスの親会社に
2006年	1月	西村修ら11名が新日本プロレスを退団
	7月17日	**トーナメントを制して第45代IWGP王者に(4回防衛)**
2007年	4月	**永田裕志に敗れIWGP王座転落後、半月板手術のため欠場**
	8月12日	**永田を破りG1初優勝**
	10月 8日	**永田を破り第47代IWGP王者に (1回防衛)**
2008年	4月	**チャンピオン・カーニバル参加後、左膝前十字靭帯断裂で長期欠場**
2009年	1月 4日	**武藤敬司を破り第50代IWGP王者に (3回防衛)**
	6月13日	三沢光晴、試合中の事故で逝去 (享年46)
	6月20日	**中西学を破り第52代IWGP王者に (1回防衛)**
	12月	**プロレス大賞MVPを受賞**
2011年	1月 4日	**小島聡を破り第56代IWGP王者に (11回防衛)**
	12月	**プロレス大賞MVPを受賞 (2度目)**
2012年	1月 4日	**鈴木みのるを破りIWGP防衛記録を11に**
	1月31日	ブシロードが新日本プロレスの親会社に
	6月16日	**オカダ・カズチカを破り第58代IWGP王者に(7回防衛)**
2013年	4月 7日	**オカダに敗れIWGP王座転落**
	9月 6日	**CMLLの「カンペオン・ウニベルサル」制覇**
2014年	1月 4日	**中邑を破り第7代IWGPインターコンチネンタル王者に(1回防衛)**
2014年	10月13日	**AJスタイルズを破り第61代IWGPヘビー級王者に(1回防衛)**
	12月 8日	**プロレス大賞MVPを受賞 (3度目)**
2015年	8月16日	**中邑を破りG1、2度目の優勝**

(太字は本人関連)

関連年表

1972年	3月 6日	大田区体育館で新日本プロレス旗揚げ
1973年	4月 6日	「ワールドプロレスリング」中継開始
1976年	6月26日	アントニオ猪木対モハメド・アリの格闘技世界一決定戦
	11月13日	**岐阜県大垣市に生まれる**
1981年	4月23日	タイガーマスク、D・キッド戦でデビュー
1986年	10月	「ワールドプロレスリング」中継、月曜夜8時に移行
1988年	4月	「ワールドプロレスリング」中継、土曜夕方(16時~)に移行
1989年	4月24日	新日本プロレス、初の東京ドーム大会を開催
1991年	8月	新日本プロレス、第1回G1開催(8選手参加)
1992年	1月 4日	新日本プロレス「1・4東京ドーム」がこの年からスタート
	4月	**岐阜県立大垣西高校入学**
1993年	4月	「ワールドプロレスリング」中継、土曜深夜に移行
	8月	G1で史上初の両国国技館7連戦
1995年	4月	**立命館大学法学部入学**
1998年	2月	**新日本プロレスの入門テストに合格(大学3年)**
	4月 4日	東京ドームでアントニオ猪木が現役引退
1999年	1月31日	ジャイアント馬場逝去
	4月	**新日本プロレス入団**
	10月10日	**真壁伸也戦でデビュー**
2000年	8月 5日	プロレスリング・ノア旗揚げ
2001年	5月	**鈴木健三とのタッグ「キング・オブ・ザ・ヒルズ」結成**
2002年	1月18日	武藤敬司、新日本プロレスを退団
	11月28日	**背中を刺されて重傷を負う**
2003年	3月 1日	長州力、WJ旗揚げ
	4月23日	**真壁を破り、U-30無差別級王座を獲得**
	6月13日	**吉江豊と組み第44代IWGPタッグ王者に**
	11月30日	**永田裕志と組み第7代GHCタッグ王者に**
	12月 9日	中邑真輔、史上最年少でIWGPヘビー級王座を獲得
2004年	1月 4日	ハッスル旗揚げ
	4月	「ワールドプロレスリング」中継、30分に短縮

棚橋弘至

たなはし・ひろし

新日本プロレス所属。1976年11月13日、岐阜県大垣市生まれ。第45代、47代、50代、52代、56代、58代、61代IWGPヘビー級王者。1998年2月、入門テストに合格し、99年、立命館大学を卒業後、新日本プロレスに入門。同年10月10日、真壁伸也戦でデビュー。2003年4月23日、初代U－30王者に。2006年7月17日、IWGPヘビー級王座決定トーナメントを制し、同王座を初戴冠。2009年、2011年、2014年プロレス大賞MVP。2014年1月4日、東京ドームで中邑真輔を下し第7代IWGPインターコンチネンタル王者に。2015年8月16日、G1クライマックスを制覇（2度目）。著書に『オレはプロレスラー』（カンゼン）、『棚橋弘至の100年に1人の逸材★BODYのつくりかた』（ベースボール・マガジン社）、『全力で生きる技術』（小社刊）などがある。

本書は2014年4月に小社より刊行された単行
本に加筆・修正を加え、文庫化したものです。

棚橋弘至はなぜ新日本プロレスを変えることができたのか 【文庫版】

2015年12月23日 第1刷発行

著 者
棚橋弘至

発行者
土井尚道

発行所
株式会社飛鳥新社
〒101-0003 東京都千代田区一ツ橋2-4-3 光文恒産ビル
電話 03-3263-7770（営業）03-3263-7773（編集）
http://www.asukashinsha.co.jp

印刷・製本
中央精版印刷株式会社

ISBN 978-4-86410-448-7

編集担当 三宅隆史